SUR LA SCÈNE
COMME AU CIEL

DU MÊME AUTEUR

LES CHAMPS D'HONNEUR, *roman,* 1990
DES HOMMES ILLUSTRES, *roman,* 1993
LE MONDE À PEU PRÈS, *roman,* 1996
LES TRÈS RICHES HEURES, 1997
POUR VOS CADEAUX, *roman,* 1998

Chez d'autres éditeurs

LE PALEO CIRCUS *(Flohic Éditions)*
ROMAN-CITÉ dans PROMENADE À LA VILLETTE (Cité des Sciences/Somogy)
CADOU, LOIRE INTÉRIEURE (Editions Joca Seria)
CARNAC ou LE PRINCE DES LIGNES (Seuil Jeunesse)

JEAN ROUAUD

SUR LA SCÈNE
COMME AU CIEL

LES ÉDITIONS DE MINUIT

L'ÉDITION ORIGINALE DE CET OUVRAGE A ÉTÉ TIRÉE À QUATRE-VINGT-DIX-NEUF EXEMPLAIRES SUR VERGÉ DES PAPETERIES DE VIZILLE, NUMÉROTÉS DE 1 À 99 PLUS SEPT EXEMPLAIRES HORS COMMERCE NUMÉROTÉS DE H.-C. I À H.-C. VII

© 1999 by LES ÉDITIONS DE MINUIT
7, rue Bernard-Palissy, 75006 Paris

En application de la loi du 11 mars 1957, il est interdit de reproduire
intégralement ou partiellement le présent ouvrage sans autorisation de l'éditeur
ou du Centre français d'exploitation du droit de copie,
20, rue des Grands-Augustins, 75006 Paris

ISBN 2-7073-1685-7

Elle ne lira pas ces lignes,
Pour vos cadeaux

I

Une supposition, pas plus extravagante qu'une autre, pour ce qu'on en sait, ou une hypothèse d'école, si vous préférez, mais qu'en dépit de l'incipit elle l'ait lu ce livre qui parle d'elle, lequel, de fait, je n'aurais jamais pu écrire de son vivant, et d'ailleurs je n'y avais même pas songé, parce qu'elle était programmée, cette femme, petite et menue, telle que nous l'avons connue, pour faire une centenaire, sa mère morte à quatre-vingt-quinze ans et sa grand-mère de même, de sorte qu'avec un petit coup de pouce de la médecine, l'espérance de vie nous ayant fait gagner cinq ans en deux décennies, c'était jouable : quatre-vingt-quinze ans offerts par le fonds génétique familial, plus cinq ans par la science, le compte est bon, voilà notre maman centenaire, et moi du coup, cent moins trente égale soixante-dix, ce qui devient une autre histoire, car rien ne me dit que d'ici là l'envie d'écrire encore, à soixante-dix ans peut-être le désir d'autres choses, pas forcément de parcourir le monde après toutes ces heures passées à guetter l'apparition des phrases au fond d'un écran, car on ne se refait pas, on ne bouleverse pas facilement ses habitudes, le camping sauvage, le beurre de yak, il vaut mieux avoir commencé tôt, mais envie de silence, par exemple, car tout ce tintamarre de l'écriture, comme les craquements de la banquise, jamais en repos, pas du tout cette mer gelée qu'on imagine, envie de grand calme, en somme. Et puis un homme de soixante-dix ans qui attendrait d'écrire sur sa maman, laquelle il regarderait marcher sur les traces de Jeanne Calment, qui est cette femme très âgée, ceci pour le public de l'an deux mille cent qui pourrait ne pas avoir retenu son nom, laquelle fut en son temps la doyenne de l'humanité, c'est-à-dire première sur six milliards d'individus, ce qui est absolument unique, ce dont ne peut se prévaloir aucun des supposés tout-puissants de la planète, ni le pape, ni le président des Etats-Unis, ni ce chanteur qui prétendait être plus célèbre que Jules Verne, ou Jésus, ou peut-être Maurice Chevalier. Mais le plus étonnant, ce n'était pas tant son formidable record de longévité, qu'il lui ait permis d'avoir, petite fille, à Arles, servi à boire à Vincent Van Gogh, qui était un peintre très vénéré alors, pas du temps de l'enfance de Jeanne, où il était totalement obscur, un pauvre Hollandais à l'esprit dérangé, qui chaque fois que le moral n'allait pas se tranchait l'oreille, mais quand celle-ci avait cent vingt ans, et que les toiles dudit Vincent se vendaient tellement cher, qu'en fait c'était pour du semblant, comme de jouer à la marchande. Mais c'est un peu comme si parmi les spectateurs de l'an deux

12

mille cent se rencontrait une émule de notre doyenne affirmant se souvenir parfaitement d'avoir acheté *Le Journal de Mickey* à l'auteur de ce texte, du temps que celui-là vendait des journaux dans un kiosque, à Paris, au 101, rue de Flandre, dans le XIXe arrondissement. Or, la petite fille, je la revois très bien, elle dit vrai, maintenant à elle de tenir le coup jusque-là, et puis aussi de ne pas jeter son *Journal de Mickey* qu'elle agitera en signe de preuve. Et donc vous imaginez cet écrivain de soixante-dix ans observant sa mère centenaire, et se retenant de dire ce que fut sa vie à elle, qui l'éclairerait, lui, car rien de tel pour en apprendre sur soi quand toutes les cartes sont retournées sur la table, qui disent d'où l'on vient, de qui l'on procède, à quelle fichue histoire on appartient, après on ne peut plus s'en raconter, d'histoire, et là cet écrivain de soixante-dix ans dans la peau du notaire de Jeanne Calment qui avait acheté sa maison en viager, alors que la dame avait quatre-vingt-dix ans peut-être, et que n'importe quel statisticien, démographe, gérontologue, eût jugé le risque minime, eût jugé même : en voilà une bonne affaire, et on comprend qu'un notaire, au premier rang, ne l'ait pas laissé passer, cette affaire du siècle. Mais en fait un siècle à rallonge, et c'est là que l'affaire se gâte pour l'homme d'affaires car, trente ans après, plus de notaire et Jeanne, à l'image du canard toujours vivant de Robert Lamoureux, ressassant encore le récit de sa rencontre avec le Hollandais fou de couleurs. Et donc pas de roman sur la maman pour l'écrivain dont le cœur lâche en cours de route, s'est épuisé à suivre le rythme époustouflant tenu et imposé par sa mère toujours valide à cent ans passés.

Mais qu'est-ce qu'il raconte ? Où veut-il en venir ? Et que vient faire ici Jeanne Calment ? Comme si je l'avais jamais enviée, quand loin de moi cette idée, même si à soixante-quatorze ans moins dix jours, j'étais en droit d'espérer mieux. A cet âge, je me situe largement en dessous de la moyenne féminine nationale, de son espérance de vie, ce qui aux Etats-Unis me permettrait d'intenter un procès, d'exiger des millions de dollars pour chaque année manquante, mais ce n'est pas mon genre, d'ailleurs mourir m'aura au moins épargné ça, ce tableau, et quel tableau, au point que sur la fin, en dehors de mes enfants, j'avais interdit qu'on me rende visite. Aucune envie d'offrir ce spectacle de poulet déplumé que l'on passe à la flamme pour éliminer les quelques poils résiduels. Au lieu que la détentrice du plus grand nombre de jours sur terre, du moment qu'on l'a dénichée dans sa maison de retraite, on ne l'a plus lâchée. A chacun de ses anniversaires, rituellement, un journaliste s'extasiait, demandait des nouvelles de Vincent, s'inquiétait de sa santé, pas de celle du pauvre Van Gogh, mais de Jeanne dont on voyait bien quand même que bon pied bon œil n'était pas la formule idoine, même si on lui prêtait encore de bons mots, du type de ceux que des humoristes préparaient à l'intention de Ronald Reagan, sur son lit d'hôpital, après l'attentat dont il avait été victime, comment il se sentait, et le vieil acteur : *Mieux qu'à Philadelphie*, d'où l'on conclut que Philadelphie, c'est, pour les Américains, l'équivalent de notre Quimper-Corentin. Et Jeanne la vaillante, ratatinée dans son grand fauteuil, concoctant ses répliques toute seule, au cours de ces longues ruminations, de ses interminables rêveries, à ce journaliste qui la quittait en lui lançant : à l'année prochaine peut-être, elle, du tac au tac : pourquoi, vous ne vous sentez pas bien ? mais ceux-là de la radio et de la télévision hurlant de plus en plus fort dans le micro, au point que sur la fin il eût mieux valu utiliser le langage des signes, mais en théorie seulement car elle n'y voyait plus rien, non plus, cependant ils insistaient : quel était le secret de sa prodigieuse vitalité, comment elle s'y était prise pour arriver jusque-là, dans cet état-là, oui, on peut le dire comme ça, comme si elle y était pour quelque chose, ou ce petit verre de porto ou de madère qu'elle était censée avaler tous les soirs, à l'heure de l'apéritif, et sa cigarette quotidienne jusqu'à cent quinze ans, après, on, le roi du rire, sans doute, avait réussi à la convaincre, qu'elle risquait pour sa santé. Mais enfin, le petit verre et la cigarette, c'est pour les condamnés, et elle, la Calment, combien d'années dans le couloir de la mort, à attendre, et attendre encore, et hop, un petit dernier pour la route, et cette route qui n'en finit pas. Je me mets à sa place, c'est-à-dire dans ce même fauteuil de maison de retraite, face à la fenêtre donnant sur les cèdres tricentenaires du parc, avec cette odeur de désinfectant et de cantine à tous les étages, et ces journées confondues, ni jour, ni nuit, toujours entre deux somnolences, et les filles de salle qui vous félicitent parce que vous avez terminé votre jambon-purée, en s'adressant à vous à la troisième personne, comme s'il s'agissait moins d'une apostrophe déférente que d'un objet inanimé : bravo, c'est bien, elle a tout mangé, et que, pour les pruneaux au sirop en revanche, c'est vrai qu'elle a calé un peu, mais ce soir il y aura de la crème caramel qu'elle aime tant, n'est-ce pas ? quand de toute manière on ne sent plus rien, plus de papilles, plus de goût, je sais ce qu'il en est pour l'avoir expérimenté, tous ces produits qu'on vous injecte dans les veines, tous ces tueurs de cellules, commandos de la mort, qui détruisent tout sur leur passage, vous tapissent d'aphtes la bouche, vous vitriolent l'œsophage et, quand vous confiez au grand professeur votre difficulté à avaler, votre absence d'appétit, il vous explique que lui aimerait bien être dans votre cas en se tapotant la bouée du ventre, que c'est une chance, profitez-en, ne prenez que ce qui vous fait plaisir, eh bien de la morphine, docteur, car vous savez, parfois j'en ai tellement marre, ah non, il voulait parler de foie gras, ou de confit, ou de beurre blanc.

C'est venu malgré moi, à mon insu, c'est-à-dire que j'ai bien vu que quelque chose venait mais sans en comprendre la raison, l'ardente nécessité, et pourtant quelque chose, autre chose, à ce moment vous dit que ce n'est certainement pas par hasard cette image qui abruptement s'impose à vous, de sorte que j'ai laissé venir, laissé écrire, accompagné le mouvement. Un grand débat a agité autrefois les passionnés de théorie littéraire, et peut-être encore aujourd'hui où il s'en trouve pour faire le distinguo entre ceux qui d'emblée annoncent la couleur, leur ambition de faire œuvre littéraire, et les autres qui feraient de la littérature comme monsieur Jourdain, s'en remettant au lecteur pour qu'il donne son verdict – c'en est-il ou c'en n'est-il pas –, ce qui ressemble à un avatar de cette querelle plus ancienne portant sur l'intentionnalité : d'un côté les tenants d'une intention claire et lucide de l'auteur, tout ce que dit le texte a été voulu, pensé et prémédité par l'auteur – ce qui, quoi qu'on dise, n'est pas se prendre pour Dieu, lequel dans la Genèse est beaucoup moins catégorique, donnant plutôt l'impression d'une grande improvisation, fonctionnant par approximation, tâtonnement, ne conservant au final que ce qu'il juge bon, du genre voilà qui m'a l'air pas mal, mais sans plus de garantie, ce que prouvera la suite, et aurait-il eu comme un ordinateur une sorte de corbeille, de poubelle, on y trouverait toutes les ébauches, les esquisses, les rejets de cette folle semaine –, et de l'autre ceux qui tiennent l'auteur pour un intrus, un incongru, une erreur, et cherchent à tout prix à s'en débarrasser, allant jusqu'à publier officiellement, dans une note littéraire de soixante-huit, son faire-part de décès, nous avons la joie et la douleur de vous annoncer la mort de l'auteur, et, une fois leur forfait accompli, considèrent que, le texte parlant de lui-même, l'étourdi qui l'a prétendument écrit et abusivement signé a d'autant moins son mot à dire que d'ailleurs on ne l'a pas sonné.

Ce qui est dommage car justement, là, à propos de cette image qui abruptement s'est imposée, je pourrais témoigner d'une intention enfouie, c'est-à-dire que ce texte que vous avez honnêtement l'impression d'avoir écrit a gardé de manière souterraine son secret pendant plusieurs mois avant de se dévoiler dans sa lumineuse clarté, comme s'il vous avait ménagé un temps d'incubation afin de vous préparer à la violence de la révélation. Et pourtant dès le début il ne fait pas mystère : *Elle ne lira pas ces lignes*, et pour cause, puisque elle, c'est ma mère, qui vient de mourir six mois plus tôt, et donc l'intention est claire et limpide, il s'agit pour l'auteur, bien entendu abusif, d'écrire un livre sur sa mère, ce qui ne constitue pas une première, laquelle, du fait qu'elle n'est plus, et alors que de son vivant elle lisait ses précédents livres, ne lira pas celui-là qui va parler d'elle. Ce qui, de fait, modifie la perspective. Comprenons qu'auparavant il lui aurait déplu, à l'auteur, de lui déplaire, de la contrarier, de la blesser par une remarque désobligeante, une révélation peu opportune, de sorte que cette lecture *in fine* de la génitrice n'était pas sans influencer l'écriture des romans. Elle exerçait à distance une forme, sinon de censure, du moins de vigilance, qui obligeait à des détours, des circonlocutions, à composer avec les ombres, à travailler en creux, à user de la périphrase, de la litote, à charge pour le lecteur complice de décoder, de lire entre les lignes.

Est-ce là son projet dont il avait fait part de me rendre la parole ? Est-ce à dire que je dois lui rendre la pareille ? Je veux bien croire que sa proposition part d'un bon sentiment, mais m'accorderait-il ce droit de réponse si, ce livre qu'il m'a consacré, il doutait que de mon vivant il eût reçu mon entière approbation ? En quoi il n'était pas besoin d'être devin, ce qui donne cette impression, fausse bien sûr, mais impression tout de même, qu'il attendait pour se lancer que je m'en aille. Et donc gêné de m'avoir mise malgré moi à contribution, d'avoir abusé de mon silence forcé et du coup, craignant d'avoir poussé le bouchon un peu trop loin, m'offrant la possibilité de remettre les pendules à l'heure, de donner ma version des faits, imaginant que je livrerais mes commentaires sur le ton mi-agacé mi-outragé qu'il me prête, me représentant, au ciel, disons, pour aller vite, découvrant avec stupeur la dernière phrase du livre, pour mémoire : *Ah, je ris, je ris de me voir*, et, du tac au tac, poing sur la hanche comme une furie outragée, répliquant : Eh bien moi je ne ris pas du tout, tout en expédiant l'ouvrage à travers les nuages, manière explicite de manifester mon désaccord, et combien je me désolidarise de ce portrait qu'il fait de moi. Sans doute espérait-il en tirer un effet comique. Mais il a vu que quelque chose clochait, que ça ne collait pas, ne me correspondait pas, qu'il était allé trop loin où il voyait bien que je n'étais pas, et donc qu'il n'avait pas visé juste, qu'il était tombé à côté, en somme, du côté du ressentiment, de la susceptibilité, des arrière-pensées, des vengeances recuites, mais pas du bon côté qui est le côté de l'amour, d'où pour eux je n'ai pas bougé d'un pouce. Pourquoi me chercher ailleurs ? A la vie comme à la mort. Mes mouvements d'humeur étaient éphémères, ne duraient jamais bien longtemps, entre un haussement d'épaules et le temps de m'adapter à un nouveau changement de cap dans leur existence, de la sienne surtout. Ce qui ne va pas forcément de soi. Il faut comprendre que je ne viens pas d'une époque et d'un milieu où l'on changeait de vie comme de chemise. Mais, quels qu'aient été leurs choix, avec parfois un temps de retard je les ai toujours suivis. Pas de quoi alimenter un règlement de compte posthume. Il n'a jamais été dans mes habitudes de dénigrer mes enfants, auxquels je pouvais reprocher telle ou telle chose que je n'avais pas appréciée, mais devant les autres je retournais mes arguments pour prendre leur défense, expliquant que quoi qu'il arrive je leur faisais confiance, obstinément, contre vents et marées. Ce qui parfois relevait d'un exercice d'équilibriste, témoin cet exemple qu'il a repris, que je lui avais moi-même rapporté, après évidemment qu'il s'en était sorti, l'ayant jusque-là gardé pour moi de crainte qu'il n'en prenne ombrage, n'en soit peiné, un exemple du temps où aux yeux de ceux qui le connaissaient il semblait avoir surestimé ses dons, et donc avoir raté son coup, être passé à côté, ce qui veut dire à côté de sa vie, ce qui est lourd de conséquences car en cas d'échec il n'y a pas de rattrapage, on ne peut pas recommencer en repartant vingt ou trente ans en arrière, comme au nain jaune lorsque je les entendais abattre les cartes en triomphant : valet qui prend, dame qui prend, roi, je recommence où je veux, d'où ces remarques au magasin : Et votre fils, que fait-il ? Mais pas mécontente au fond, alors que j'aurais dû paraître dans l'embarras, de clouer le bec à ceux-là qui auraient peut-être aimé me voir désolée par sa situation plus qu'incertaine, de pouvoir répondre : Il vit sa vie, ce qu'au fond je préférais à une existence bien rangée, l'exploit banal de ceux qui, promus dans l'ordre de je ne sais quel mérite, se prennent pour on ne sait quoi qui ne m'a jamais impressionnée. Ce qui m'autorisait, ce mépris des apparences, à me classer parmi les hors-normes, à revendiquer une forme d'indépendance d'esprit qui me distinguait du commun. Comme si mon existence ordonnée camouflait un désordre bohème. Car enfin, ce grand-père excentrique, ce n'était pas pour rien mon père, et ce grand Joseph, entreprenant, aux idées parfois farfelues, qui a-t-il choisie comme épouse ? Et ce fils qui ne voulait rien faire comme tout le monde, qui en est la mère ? La fantaisie peut aussi être intérieure pour qui préfère la discrétion et redoute rien tant que faire parler de soi ou se donner en spectacle, une fantaisie secrète qui n'a pas besoin d'un public, un art modeste qui fait que sur les photos de groupe, par exemple, on n'aperçoit de moi, la plupart du temps, qu'un sac à main qui dépasse, ou une mèche argentée, profitant pour une fois de ma taille pour me glisser derrière de plus grands. Ce que l'on va interpréter comme une forme de vanité, la crainte du jugement de l'autre, de ne pas se trouver comme on voudrait, mais ce qui correspond plus simplement à un tempérament profond pour lequel l'indépendance n'a pas de prix, quitte à ce qu'elle vous condamne à déplacer seule des montagnes de cartons. Mais cette discrétion, ce fut ma ligne de vie. Quand on a commencé à s'intéresser à nous, je n'ai pas varié : n'insistez pas, je ne répondrai pas à vos questions.

Alors au nom de quoi maintenant devrais-je me plier à cette comédie des commentaires ? D'autant qu'il aura beau faire, ce ne sera jamais moi. Ma version, quoi qu'il prétende, sera toujours la sienne, et ma vérité, sa vérité. Je ne doute pas de ses efforts pour que cette voix qu'il me prête colle au plus près de ce qu'il imagine être ma vraie parole, mais, si on réservait à ce fac-similé le sort que les marques de luxe réservent à la contrefaçon, cette fausse voix, aussi approchante soit-elle, finirait avec les fausses montres sous le cylindre de fonte d'un rouleau compresseur. D'autant que la proposition se heurte à un problème de communication. Comment, d'où je suis, voudrait-il que je donne mon point de vue ? Par quels moyens ? Les tables tournantes ? C'est bien la preuve que tout ce qui sera dit en mon nom ne pourra être retenu contre moi, puisque c'est lui qui vous parle. Ici l'ombre, et il prétend faire toute la lumière.

Il le sait bien pourtant que, chaque fois qu'il force le trait, il me perd. Et ça ne vaut pas que pour moi. Chaque fois qu'il force le trait, il se perd. Ce qui l'oblige à des retours en arrière jusqu'au dernier repère sûr. Comme un petit Poucet balisant les chemins de sa mémoire. Et voyez comme on se retrouve. Peut-être au fond est-ce vraiment moi qui parle à travers lui. Cette chair commune, ces mémoires enchevêtrées, ces souvenirs mutuellement adoptés, ces voix comme des pelotes de fils emmêlés, si bien qu'à la fin on ne sait plus qui parle pour qui.

Allons, ce n'est pas pour rien que.

Et donc, alors que jusque-là elle se contentait d'une figuration muette dans les premiers livres, maintenant qu'elle n'était plus il devenait possible de parler d'elle, des épisodes marquants qui avaient agité cette eau tranquille, remous liés à des ruptures, des changements radicaux dans le cours de sa vie : quand elle se marie et abandonne, apparemment sans regrets, famille et pays, puis quand elle perd son mari et qu'elle confie à une cliente qu'elle ne croit pas qu'elle lui survivra un an, et enfin, coupure moins franche, plus étalée dans le temps mais dont nous avions pu juger des effets comparés avant-après, quand elle sort de dix années de deuil et se consacre pleinement à son magasin. Vous organisez le tout autour de quelques images : celles du bombardement de Nantes sous lequel elle ne dut d'avoir la vie sauve qu'à son cousin Pierre, et non Freddy comme précédemment annoncé, celles de ce lendemain de Noël où meurt brutalement son mari et qu'elle tambourine contre la cloison pour appeler à l'aide son cousin Emile, celles encore de son retour d'une veillée funèbre où elle se tenait les côtes de rire parce qu'elle avait cru voir Oliver Hardy à la place du défunt, un ancien secrétaire de mairie ventripotent, épisode qui marqua symboliquement son retour à la vie, trois images de destruction amorçant une renaissance, et vous voilà parti. C'est-à-dire que partant de là, c'est un peu comme la découverte de l'Amérique, au petit bonheur la chance, même si vous ne progressez pas totalement à l'aveuglette, Christophe Colomb non plus, qui n'avait pas manqué d'être intrigué par ce qui se racontait sur les pontons, les Vikings, et les pêcheurs basques déjà sur les bancs de Terre-Neuve, et les marins dieppois sur les côtes brésiliennes, mais il reste quand même un océan à traverser, dont on ne sait trop à quoi il va ressembler. Et justement, trois lignes après le début où il était dit qu'elle ne les lirait pas, ces lignes, ça ne ressemble déjà à rien. Je veux dire, à rien de prémédité. Quelque chose, la maîtrise des événements, vous échappe. Car enfin que viennent faire ici ces enragés ? Non pas les révolutionnaires hébertistes, les étêtés du 9 thermidor, enfin du lendemain, mais, littéralement, ces personnes atteintes de la rage après avoir été mordues par un animal, chien ou renard, porteur du virus. Ce qui renvoie à un temps d'avant la découverte du vaccin par Pasteur et ce garçon alsacien, ce qui tombait bien, l'Alsace-Lorraine ayant été annexée par l'Allemagne, Joseph quelque chose comme Meister, il suffirait de vérifier, mais heureusement monsieur Louis veillait au grain, et voilà la rage bloquée sur les frontières de l'est, et c'est tant mieux, mais ici il est question de l'avant, quand les enragés, les personnes atteintes du mal, ne savaient plus à quels saints se vouer, tous impuissants du haut du ciel à étouffer la douleur, quand le spectacle était si atroce des corps hurlants, agités de soubresauts, la bave aux lèvres, que la tentation était forte d'appliquer un oreiller sur la face des agonisants pour abréger leurs souffrances. Ce qui, de fait, est attesté par les historiens, mais ici, dans ce livre sur ma mère disparue six mois plus tôt des suites d'une leucémie, que viennent faire ces enragés d'un autre âge ?

Au vrai, je m'y attendais. Je n'essaierai pas de prétendre que ce livre m'a prise au dépourvu, d'ailleurs, celui-là peut témoigner, je l'avais dit à monsieur Morain, pas le, du village de, non, un frère à lui qui a quitté le pays il y a plus de trente ans mais y revient chaque été pour quelques jours de vacances avec son épouse qui est de, mais pas d'ici. Des gens agréables qui ne manquaient jamais, avant de s'en retourner, de passer au magasin pour quelques achats et d'ailleurs ils n'en revenaient pas, disaient qu'on y trouvait ce qu'on ne trouve nulle part ailleurs, à Lyon, notamment. Mais ça ne m'étonne pas. A Nantes non plus. On m'en a fait si souvent la remarque. A quoi je répondais qu'en ville, ils ne savent pas. Ils ont d'autres chats à fouetter. Nous, il nous faut être à l'écoute des clients, sentir leurs besoins, ne pas les brusquer, ne pas les abuser, les mettre en confiance, et puis, ce qui importe plus que tout, bien connaître leurs moyens qui sont dans l'ensemble très moyens. D'où la nécessité d'acheter en conséquence. Un magasin de vaisselles, disons cadeaux, listes de mariages, vous n'êtes pas là pour constituer votre propre trousseau ou aménager votre cuisine. D'ailleurs, à force de choisir la marchandise, non pas en fonction de son goût, mais de celui des clients, on finit par ne plus savoir si on aime ou on n'aime pas, pour soi on n'a plus d'avis, par exemple certaines soupières en céramique dont la décoration lourdement chargée évoque les reliefs d'un plateau de fruits de mer ou le panier du jardinier, à la longue on finit presque par lui trouver un certain charme. Je n'aurais sans doute pas aimé décorer ma table avec tout ce que je vendais, mais je n'avais pas à en rougir, et je n'ai jamais forcé la main, pour la bonne et simple raison que je détestais qu'une vendeuse, après m'avoir fait essayer une chaussure taillant trois pointures au-dessus, en presse du doigt l'extrémité pour me convaincre qu'elle m'allait comme un gant. Chausser du trente-cinq, mademoiselle ce n'est pas vous qui allez me l'apprendre. Mais monsieur Morain, ou plutôt sa femme, charmante, infirmière, discrète, beaucoup de goût, sincèrement désolée de ne pas trouver un magasin comme celui-là à Lyon, et comme je devais être heureuse, fière, une belle réussite, oui, oui, bien sûr, tous les représentants me le disent, un cas unique dans la région mais beaucoup de travail, et heureusement que je suis seule, sans employé, et que je peux compter sur les listes de mariage, non, elle voulait dire si tout petit, déjà, quoi ? le magasin ? bien sûr, je l'ai hérité de mon mari, et lui de ses parents, mais ça n'avait rien à voir avec ce que vous en voyez maintenant, non, votre fils, est-ce qu'on ne sentait pas que, et si j'avais deviné qu'un jour il aurait. Au début, je prenais mon air le plus humble pour dire que c'était mérité, qu'il avait beaucoup travaillé, que ç'avait été long mais que j'avais toujours cru en lui, ce qui est vrai parce qu'il a toujours fait preuve d'une certaine lucidité, notamment au moment de passer ses examens, les résultats arrivaient, bons ou mauvais, ainsi qu'il l'avait plus ou moins prédit, et dernièrement il avait l'air plutôt confiant, ce qui était le signe que, mais à la centième demande j'éludais : oui,

oui, très fière, très contente, et pour vous qu'est-ce que ce sera ? Mais son mari est revenu à la charge : comment se faisait-il que dans ses livres on rencontre toute la famille, Joseph, la tante Marie, Emile, enfin tout le monde sauf. Oui, oui, on m'en avait déjà fait la remarque, à quoi j'ai répondu, agacée, qu'à mon avis je ne perdais rien pour attendre, qu'un jour, j'en étais sûre, mon tour viendrait, qu'il écrirait un livre sur moi. Mais je ne savais pas si je devais m'en réjouir, si j'avais même envie d'être là pour le voir. Ou peut-être oui. On ne peut pas laisser écrire n'importe quoi. Ce que j'ai vécu, je suis bien placée tout de même. Et d'abord, qu'est-ce qu'il en sait ?

Mettez-vous à ma place. Vous recevez un livre, écrit par l'un de vos enfants, ce qui, déjà, n'est pas courant, et de quoi parle-t-il ? De vous. De tout ce qui a fait votre vie. Vous avancez de page en page et tout y est, les histoires de famille, les sœurs, les parents, les grands-parents, les oncles, les tantes, le linge sale, il a tout dit. D'un coup, il suffisait qu'un lecteur le parcoure, ce prétendu roman, et nous n'avions plus de secrets pour lui, ce qui, pour vous donner une idée de ce qu'on l'on ressent, ressemble à ces cauchemars où l'on se retrouve au milieu d'une foule dans le plus simple appareil, sans autre possibilité que ses bras pour se couvrir. Car ce n'est pas d'avoir maquillé Campbon en Random et Riaillé en Riancé qui y changeait grand-chose. Personne ne fut dupe. Quand on me demandait si je n'avais pas un lien de parenté avec celui qui, j'avais l'impression soudain d'être transparente, comme si l'autre lisait en moi à livre ouvert. Je ne voudrais pas donner l'impression de jouer les rabat-joie, mais de mon point de vue, en première ligne, je dois avouer que j'ai trouvé le procédé un peu, disons, abrupt. Il aurait pu, avant de se lancer, m'en toucher un mot, me préparer. Je lui aurais, je ne dis pas donné des conseils, mais fait comprendre que toutes vérités ne sont pas bonnes à dire, par exemple qu'il est gênant de raconter que son grand-père, mon père donc, avait fait une escapade à l'île du Levant, ce qui a dû arriver à peine une fois, et encore, peut-être est-ce une rumeur propagée par ma sœur Dédette qui ne dédaignait pas la gaudriole.

Ce qui explique qu'au moment de la sortie du livre je n'ai pas bougé, faisant comme si de rien n'était, pas au courant. Après tout, l'événement pouvait demeurer inaperçu, je crois que d'ordinaire, pour un premier roman, c'est plutôt ainsi que les choses se passent. Pourquoi, même s'il se plaisait à ne rien faire comme tout le monde, en eût-il été autrement pour lui ? Si bien qu'il me suffisait de faire le gros dos, et trois cents exemplaires plus loin on n'en parlait plus, on n'en avait même jamais parlé. Tout reprenait comme avant. Jusqu'à ce que monsieur Joël, le directeur de l'agence du Crédit mutuel, pousse la porte du magasin. Il s'était effacé pour céder sa place à une cliente, arrivée après lui, comme s'il avait besoin de réfléchir, non, non, je regarde, j'hésite, mais à la revue qu'il tenait roulée dans sa main j'ai tout de suite vu clair dans son manège. Quand on s'est retrouvés seuls, il a ouvert le magazine et, me montrant un article avec photo : Dites-moi, madame Rouaud, il ne s'agirait pas de Jeannot ?

Elle ne lira pas ces lignes, la petite silhouette ombreuse, dont on s'étonnait qu'elle pût traverser trois livres sans donner de ses nouvelles – ou si peu, figuration muette, condamnée au silence par le ravissement brutal de l'époux et un chagrin si violent qu'elle crut qu'il aurait raison d'elle, de sa vie, un chagrin à couper le souffle, qui étouffe aussi sûrement qu'autrefois un oreiller appliqué sur le visage d'un enragé, ce dont s'accommodait même l'Eglise pourtant tatillonne dès qu'il s'agit de décider à la place de Dieu du terme de la vie d'un homme, mais la souffrance des mordus était à ce point atroce que la parole divine était priée de mettre une sourdine à ses principes, et le regard divin de détourner un moment les yeux, le temps que le corps entré en agonie, hurlant, la bave aux lèvres, retrouve sous cet éteignoir de plumes la paix du sommeil le plus profond. Et qu'il fût définitif, ce n'était que la conséquence de l'attente vaine d'un signe de compassion dont on estimait en cette circonstance particulière il eût été de l'ordre de la charité qu'il se manifestât.

Sur le coup, j'aurais été bien en peine d'avancer une explication, d'où sortent ces enragés, quelle est la raison de leur présence, ici ? Mais ici, justement, ce n'est pas comme en mathématique où chaque élément participe d'une démonstration impeccable. Ici, en littérature, on n'est pas tenu de fournir des justificatifs à tout bout de champ. On tolère le flou, l'imprécis, l'extravagant. Et pourquoi ci ? Il suffit de répondre à l'inconvenant qui n'a pas envie de passer pour le dindon de cette farce poétique : parce que c'est comme ça. Et l'autre, le quémandeur, passe son chemin, pas plus avancé, qui a tellement l'habitude d'être traité ainsi qu'il proteste à peine, maugrée en silence, estimant que, si on ne sait pas ce qu'on écrit, mieux vaut le garder pour soi, à quoi bon embêter les autres avec. C'est Claudel octogénaire, massif, lourd de milliers de poèmes, de cet esprit comme la mer qui est la même douleur démente, tassé dans un fauteuil du théâtre pendant les répétitions de *Tête d'or* ou de *La Ville*, mais une œuvre de jeunesse, à qui Jean Vilar, très respectueux au moment d'interpeller cette légende tout juste encore vivante, se risquait à demander, au prix de mille précautions oratoires : Maître, pourriez-vous éclairer ce point précis du texte, en soulignant du doigt telle phrase au sens peu clair – et le vieil ambassadeur regardant alternativement la page et le metteur en scène, essayant de rameuter ses souvenirs anciens, et, ne trouvant rien, ayant cette mimique, la lèvre inférieure se projetant soudain en avant, par quoi il fallait comprendre qu'il n'en avait aucune idée, lâchant quelque chose comme bof, de sorte que les enragés, tout ce qu'on pouvait en dire, c'est qu'ils avaient résisté à l'épuration, car c'est un métier, celui d'écrire, où il y a beaucoup de déchet, où l'on jette tout le temps et que donc, s'ils étaient toujours là, c'est qu'ils devaient avoir leur raison secrète, en conséquence il conviendrait de faire avec. Avec quoi ? On verrait plus tard. Alors que c'était tout vu. Comme d'habitude, on a tout sous les yeux. Et qu'est-ce qu'on a sous les yeux ? Un corps en agonie.

Mais ne rien voir, c'est la norme. On fait avancer le texte devant soi, comme un âne à qui l'on confie le soin d'inventer un chemin à travers le maquis. D'où des itinéraires tortueux, parfois à la limite du décrochage, mais il faut lui faire confiance. D'autant qu'il a l'air de savoir, qu'il ne paraît pas progresser à l'aveuglette, comme si un sixième sens lui servait de boussole magnétique. Ce sixième sens du texte, c'est lui, par exemple, qui m'a conduit dans les tranchées de Quatorze, alors qu'écrivant un récit d'enfance je n'avais apparemment rien à y faire. Mais sur le coup je n'ai pas protesté, en vaillant petit soldat j'ai fait ma guerre, je suis monté au front, je me suis plongé dans les gaz asphyxiants, c'était évidemment curieux, je me demandais bien la raison de ma présence en ce charnier, mais cela me faisait au moins une expérience intéressante, qui me permet aujourd'hui d'en parler avec l'autorité d'un ancien combattant, à vous dégoûter à jamais des rodomontades barrésiennes. Le carnage, c'est le carnage, l'affaire était entendue. Ce qui l'était moins, c'était comment j'allais justifier ce détour par la plaine d'Ypres, en Belgique, au début du siècle, pour un récit censé se passer en Loire-Inférieure presque cinquante ans plus tard. Mais il n'y a qu'à se pencher sur ce qui est écrit, le texte est généreux, il se livre avec le mode d'emploi. Et qu'est-ce qui se dit ? Il suffit de lire. Il est dit que Joseph Rouaud est mort. Là, nous étions au courant, c'est même la raison d'être de toute cette histoire. Mais intuitivement, après avoir sondé les tréfonds de l'auteur, le texte a senti les réticences, et combien cette évocation du père était encore prématurée, alors avec astuce il a procédé à une substitution. Nom pour nom. Car un Joseph Rouaud en cachait un autre. Du coup, le premier parle pour le second, et la guerre pour la mort. Le contrat initial, qui annonçait une loi des séries, est respecté : nous avons bien nos trois disparus : le grand-père, la tante Marie et Joseph. Il sera toujours temps de revenir à l'original, au prochain numéro.

J'avoue que ce fut un mauvais moment à passer. Pas le dernier : celui-là, on ne le sent pas. Quand il passe, la conscience qui nous permettrait de l'enregistrer subitement nous fait défaut. C'est comme l'instant clé du sommeil. Pas le temps de se dire ça y est je dors que déjà vous dormez. Non, le plus dur, ce furent les heures qui ont précédé. Je n'ai pas de conseil à donner à quiconque, mais, si vous avez la possibilité de mourir dans votre fauteuil à quatre-vingts ans après avoir jardiné une partie de l'après-midi, trouvé un mot de huit lettres au jeu télévisé, avalé du bout des lèvres une tisane et déclaré en déposant la tasse sans trembler au centre de sa soucoupe, maintenant je vais somnoler un peu, et pouf, on croit que vous êtes endormi, n'hésitez pas, soyez preneur. Car vraiment l'hôpital avec ses tuyaux, thermomètres, examens, analyses, radiographies, piqûres, gélules, conciliabules, caravane de chariots dans les couloirs et visite guidée pour les blouses blanches, ce serait à refaire, ça vaudrait la peine de se poser la question. Quand un dignitaire inspiré, stéthoscope en guise de cravate, vous demande, alors que vous êtes à l'article de la mort, comment vous sentez-vous, ce matin, sans même se donner la peine d'écouter la réponse, tout en jetant un œil distrait sur la feuille de soins accrochée au pied du lit, vous avez le clair sentiment d'être un pot de yaourt dont on vérifie sur le couvercle la date limite. Heureusement, il y avait les jeunes filles, en blouses bleues, qui, en dépit des tâches ingrates qu'on leur confiait, faisaient preuve de beaucoup de patience et de douceur.

    Avec la jeunesse, je me suis toujours bien entendue. Surtout avec la jeunesse laborieuse, celle qui ne rechigne pas à se donner de la peine. C'est grâce à tous ces petits couples qui me faisaient confiance et que j'aidais à composer leur liste de mariage que j'ai tenu si longtemps mon commerce. Sinon, les vieux, au magasin, c'était un concert de plaintes : les verres qui se cassent, les assiettes pas assez creuses pour la soupe, les pensions trop maigres, les mouvements qu'on n'arrive plus à faire, la ceinture de sécurité, le ticket modérateur, les étrangers, le temps qui n'est plus comme avant et les jeunes qui ne savent plus s'amuser. Car bien sûr, eux, ils savent : thés dansants, soirées-loto, moissons à l'ancienne, visite de la criée avec départ en car à trois heures du matin, conférence sur la manière d'enseigner le macramé à ses petits-enfants. Dépêchez-vous de prendre votre retraite, me serinaient-ils, on vous réserve une place. Entendu, comptez sur moi. Dès que j'ai pu, je me suis éclipsée. Officiellement, la cessation de mon commerce était prévue pour le 30 juin. Je suis morte le 25. J'espère n'avoir pas fait attendre le car pour la criée. Mais, la preuve que je n'invente rien, aussitôt qu'elles, les jeunes filles, avaient un moment de libre entre deux soins, elles venaient discuter avec moi, se confier, me demander conseil. Elles avaient repéré que je ne les dérangeais pas pour un oui ou pour un non, trop chaud ou pas assez, remonter l'oreiller, baisser le store, et le somnifère qui m'empêche de dormir, quand d'autres, et de bien moins atteints, avaient le doigt crispé sur la sonnette, au point qu'ils oubliaient, le temps qu'elles arrivent, ce qui n'allait pas. Depuis la mort de mon mari, j'avais appris à me débrouiller seule, à ne rien demander. Quand on me voyait transporter mes colis, on s'étonnait que je refuse de l'aide, comme si on me suspectait d'être âpre au gain et de ne pas vouloir partager. Je répondais qu'il m'était bien plus pénible d'avoir à expliquer le travail quand le temps que l'autre comprenne j'en avais déjà terminé. Alors à quoi bon. Et puis c'était ma manière d'être libre. Ce qui exaspère toujours, cette manifestation d'indépendance. Là, si j'appelais, c'est que ma voisine était tombée de son lit ou que le flacon suspendu à la potence était sur le point de se vider. Cette perfusion, c'était mon plateau-repas, ma cantine. Ce qui m'allait très bien : plus à mastiquer, cuisiner, mettre la table, faire la vaisselle, digérer, tout passe par le tube : l'an 2000. On n'a même pas à choisir son menu. Quand les enfants étaient là, ce qui m'angoissait le plus, c'était, deux fois par jour, qu'est-ce que je vais bien leur faire à manger. Hop, un souci de moins. Bon débarras.

D'ordinaire, une agonie n'annonce rien de bon. Il n'y a pas de miracle. Ce n'est pas comme le coma, d'où parfois on parvient à s'extraire après des années de vie végétative. D'une agonie, on ne revient pas. L'agonie ne connaît qu'une issue, fatale. Si bien qu'à la fin du récit, comme prévu, comme attendu, la mère meurt, mais les heures qui ont précédé, les heures terribles, vérifiez, elles n'y sont pas, ou si peu. Il me semblait que, raconter cette agonie, c'eût été lui donner trop d'importance, qu'on n'aurait retenu que cela, comme si sa vie s'était résumée à ce lit de souffrance, gommant tout le reste, son enfance, sa rencontre avec le grand Joseph, ce lendemain de Noël tragique, sa descente au tombeau en compagnie de l'époux, puis, après les dix années de lente remontée à la lumière, sa résurrection. Car son triomphe est là. Sa victoire sur les forces des ténèbres. Alors ses derniers moments, inutile, le lot commun, et qui ne nous apprennent rien sur elle, sinon sur la phénoménale résistance des organismes. D'autant que ces images de la fin, tyranniques, obsédantes, du corps livide, décharné, avaient fini par recouvrir toutes les autres, glorieuses, de la petite dame trottinante, de son verbe incessant et de l'éclat moqueur de son rire, par occulter, ces quelques semaines d'agonie, toute une vie. Sans doute pourquoi, en lieu et place de ces heures ultimes, ponctuant le récit, l'évocation de son grand rire et sa façon singulière d'éplucher une laitue, en élaguant sans ménagement les feuilles pour n'en garder que le cœur blanc.

Je sais. *On n'est pas des lapins.* Je l'ai peut-être dit sur le ton de la plaisanterie. Mais il oublie de préciser que c'est à leur demande que j'enlevais les parties vertes, de même que je filtrais tous les matins leur lait avec une passette, quand ils étaient enfants, parce qu'ils se plaignaient des morceaux de peaux en suspension dans leur bol du petit déjeuner. Qu'est-ce que je n'aurai pas fait pour eux. Comme de décortiquer pour chacun des trois de petites crevettes, couleur de terre cuite, qu'on appelle ici dans l'Ouest des boucauds, ce qui constitue un exercice délicat quand on ne se contente pas d'enlever la tête et d'avaler le reste comme le font les sauvages, mais en ne gardant que la chair rose délicatement extraite en deux manipulations de sa fine carapace, que je disposais sur une bouchée de pain préalablement beurrée, tandis qu'ils attendaient à tour de rôle d'être servis, comme des oisillons à l'heure de la becquée. Or il faut beaucoup de boucauds pour être rassasié. Et le jour des galettes, le vendredi, le jour maigre, qu'on était bien forcé de respecter autrefois, où je demeurais tout le repas debout devant la gazinière à soulever de la main gauche la lourde galettoire de fonte noire que j'inclinais dans tous les sens afin d'y étaler uniformément la pâte qui tombait lentement de la louche tenue de l'autre main, alors que dans mon dos ils se chamaillaient pour savoir à qui reviendrait la galette suivante, sans se soucier de mon tour qui n'arrivait qu'une fois qu'ils étaient repus. Et puis leurs vêtements préparés la veille au soir, déposés sur une chaise ou à cheval sur le bois de lit, qu'il ne leur restait plus qu'à enfiler le matin, sans même se donner la peine d'ouvrir les yeux, tant l'ordre de l'habillement était respecté, sous-vêtement dessus la pile, chandail en dessous, mais là, je reconnais, il en a parlé.

Je l'ai suffisamment accusé de n'avoir pas dit les choses comme elles se sont réellement passées pour ne pas témoigner en son sens lorsqu'il dit juste et qu'on semble remettre en cause, sous couvert de vérité historique, sa version des faits, en l'occurrence mon emploi du temps de l'après-midi du 16 septembre 1943 à Nantes où il s'en est fallu de peu que l'on me compte parmi le millier de victimes des bombardements aveugles qui rasèrent le centre-ville, et, sans mon cousin Marc qui m'accompagnait au cinéma, tout se serait arrêté ce jour-là, c'est-à-dire que de cet épisode, de ce boycottage de mon cours de comptabilité pour les beaux yeux de Pierre-Richard Willm dans le rôle de Monte-Cristo, on n'aurait jamais entendu parler, pas plus que des deux sœurs de Jean, le mari de ma sœur Claire, ensevelies sous les arches effondrées du pont Sauvetout, le bien mal nommé. Or à ce sujet mon fils a reçu des lettres dans lesquelles il était précisé que *Le Comte de Monte-Cristo* ne se donnait pas au Katorza, mais à l'Olympia, qui se trouve rue Franklin, à deux pas de là (avec preuve à l'appui et évocation d'un père qui y avait été opérateur avant la guerre, de sorte que, durant sa captivité en Allemagne, sa famille y avait ses entrées), et puis que les sirènes annonçant l'alerte ont interrompu le film déjà commencé, et pour certains quasi terminé, alors qu'il me semblait dans mes souvenirs qu'elles avaient surgi au cours du générique d'ouverture. Et toutes ces précisions pourquoi, sinon pour insinuer que peut-être je n'y étais pas, puisque dans une première version je prétendais que c'était Pierre Blanchar, quand c'est bien Pierre-Richard Willm qui tient le rôle-titre. Ce qui nous fait trois erreurs : sur le nom de l'acteur, la localisation du cinéma, et le moment du déclenchement de l'alerte. D'où conclusion subliminale de nos fins limiers : elle n'y était pas. Elle a tout inventé. Pour quelle raison ? Qu'avait-elle à cacher ? Vous prenez le ciel sur la tête, il vous apparaît que vos chances de survie sont minimes, que ça va se jouer à peu chose sur quoi vous n'avez aucun pouvoir, tandis que la voûte de la cave où vous avez trouvé refuge tremble comme une feuille, et on laisse entendre que pendant ce temps-là vous étiez peut-être à prendre du bon temps. On connaît le mécanisme. Sur un tel principe, on invoque le témoignage d'un miraculé des camps qui dans son souvenir voyait le gaz assassin sortir par telle pomme de douche alors qu'il sortait par celle-là, et on en conclut que toute cette histoire est une fable et que les six millions d'hommes de femmes et d'enfants qui manquent à l'appel ont profité de la confusion de la guerre pour se faire porter pâles et, comme des escrocs à l'assurance, coulent des jours heureux sur Mars, sans doute, puisque aucun atoll du Pacifique ne saurait être assez vaste pour les accueillir.

Sur le coup on demeure persuadé qu'un événement aussi marquant restera à jamais gravé dans la mémoire, et puis, le temps passant, on n'est plus sûr de rien. Je me souviens d'Alain Colas, le navigateur solitaire, racontant à la télévision qu'il avait dû plonger en plein Atlantique nord pour réparer une pièce de son gouvernail et que, pour se donner du cœur à l'ouvrage, aux trois quarts immergé dans l'eau glaciale, il avait chanté à tue-tête *Il était un petit navire.* C'est du moins ce qu'il avait confié sitôt arrivé à bon port aux micros qui se tendaient vers lui, mais quelques mois plus tard il n'était plus aussi affirmatif. Il doutait de ce petit navire en plein océan. En fait, on se raccroche au souvenir du souvenir. Comme si l'événement se dissolvait dans le récit premier qu'on en fait, qui du coup prend force de loi. De plus, comme je n'allais que très rarement au cinéma, n'étant pas nantaise, on peut imaginer aisément que la connaissance des salles ne m'était pas familière. Ce jour-là je me contentais de suivre mon cousin, lequel s'était chargé de prendre les billets, de les présenter au contrôleur et de glisser une pièce à l'ouvreuse qui nous guidait jusqu'à nos sièges. De l'intérieur, les yeux rivés sur l'écran, qu'est-ce qui pouvait m'indiquer que j'étais dans telle salle plutôt qu'une autre ? On nous signale dans un autre courrier qu'au Katorza ce 16 septembre 1943 on donnait *Monsieur La Souris*, un film avec Raimu. Et là, quitte à abonder dans le sens de mes détracteurs, je suis catégorique, ce n'est pas Raimu qui m'aurait fait sécher mon cours Pigier de comptabilité. A vingt et un ans, en 1943, entre lui et Pierre-Richard Willm, une jeune fille ne balançait pas longtemps, à l'exception de la fille de Raimu peut-être, car une fille voit son père avec d'autres yeux. Il s'agissait donc bien du *Comte de Monte-Cristo*. Et du coup à l'Olympia, si la précision a tant d'importance pour certains, mais ceux-là ne m'enlèveront pas que, suite à ce bombardement tragique par les forteresses volantes américaines, pendant des années je n'ai pu entendre sans frayeur le grondement d'un avion.

Ses derniers moments, si je ne les avais pas évoqués, j'aurais soutenu que c'était délibéré, par discrétion, ou pour n'avoir pas à revivre cette, oui, épreuve, car c'en fut une aussi pour les témoins, ses trois vieux enfants rassemblés autour du lit comme dans ces peintures anciennes où leurs disciples en larmes assistent saint François d'Assise ou saint Dominique mourants, les uns la face enfouie dans les draps, les autres le regard ennoyé amoureusement tourné vers le saint, d'autres encore la tête levée vers le ciel comme pour guetter la venue des anges. Vus de la fenêtre du CHU de Nantes, au quatrième étage, c'étaient des anges sans ailes, en blouses blanches, qui se posaient sur l'héliport aménagé sur un toit-terrasse en contrebas de la chambre, débarquant précipitamment de l'appareil, positionné au centre d'un cercle blanc, un brancard sur lequel un malade sanglé, relié à des perfusions, avait sans doute conscience qu'il jouait son va-tout, que l'ennemi ce n'était pas le mal contre lequel il luttait mais le temps, comme si ses perfusions faisaient office de clepsydres, et qu'une poignée de secondes allait décider de son sort. A cette différence aussi que nous nous efforcions de plaisanter, ce qui n'était sans doute pas le cas dans l'entourage de François et de Dominique, même si sur son lit de mort le très rigoureux Dominique livra à ses fidèles cet aveu, à peine un repentir, qu'il avait toujours préféré à la confession des vieilles dames celle des jeunes filles. Ce qui ne surprend qu'à moitié, la sainteté ne se conçoit pas sans cette faculté poétique qui fait défaut aux disciples, lesquels, consciencieux, laborieux, pâles copies, à qui il manque d'être libres, s'offusquent peut-être en secret de cette inclination pour la beauté, préférant évoquer les hauts faits édifiants du patron, comment il lava les pieds, ou les morceaux de pied, d'un lépreux, reçut les stigmates, demeura en lévitation, ce qui suffit à distinguer un saint d'élite du commun des mortels, au lieu que nous, nous rameutions nos meilleurs souvenirs, tous ceux où notre mère, malgré elle souvent, nous avait amusés, ce qui bien sûr n'était pas de son goût et nous valait, à chaque fois, d'affronter ses mimiques en forme de rebuffades, lèvres pincées et menton tremblant. Nous égrenions avec bonne humeur autour du corps râlant ses petites manies qui nous avaient tant agacés et dont nous sentions, maintenant qu'elle allait nous quitter, qu'elles commençaient à nous manquer. Nous parlions par citations que nous seuls étions en mesure d'interpréter, qu'un entrant inopiné eût considérées comme venant d'esprits simplets. Par exemple, alors que la température montait dans la chambre, l'un de nous a dit : Vous n'avez pas chaud, mes petits enfants ? C'était un de ses classiques, par quoi l'on comprenait qu'elle avait envie qu'on ouvre le vasistas de la cuisine, étant bien entendu qu'elle ne voulait rien paraître exiger.

Ils ont toujours prétendu que je n'avais pas le sens de l'humour. J'ai souvent noté que lorsque l'humour s'exprimait à leurs dépens, ils n'en avaient pas beaucoup non plus. Mais de les sentir tous les trois autour de moi, ça m'a rappelé quand nous étions réunis dans la cuisine, après la mort de leur père, et que je préparais les repas en silence, pendant qu'assis autour de la table ils jouaient, préparaient leur devoir, ou se disputaient. Mais parlons d'autre chose. Ce ne fut pas la période la plus facile. J'ai bien cru d'ailleurs que je ne m'en remettrais pas. Je me souviens à ce sujet de m'être confiée un jour à une cliente au magasin. Mais je ne vous apprends rien, là encore, il a tout dit. *Dans ce corps à corps, elle douta longtemps d'avoir le dessus, au point qu'il lui sembla que le décompte était entamé, qui la verrait avant un an toucher définitivement le fond de sa vie de ses deux épaules. C'était peu de temps après la nuit tragique. Notre jeune sœur de retour de l'école traversait le magasin, quand elle fut arrêtée par un sanglot, trop familier à présent, provenant du sous-sol où se trouve le rayon funéraire et la quincaillerie, et où notre maman pleurait, et entre ses larmes confiait à une cliente qu'elle ne croyait pas qu'elle lui survivrait un an, c'est-à-dire qu'il lui semblait au-dessus de ses forces, au-delà de sa volonté, de survivre un an à cet homme.* Ce que j'ignorais, c'est que ma petite fille n'avait rien perdu de mes propos. Ce qui n'est pas facile à entendre pour une mère. Les enfants, on les regarde jouer, on les entend rire, se chamailler et l'on se dit que pour eux l'affaire est classée. On leur envie presque leur apparente innocence, cette faculté d'oubli. Pour un peu on se scandaliserait de les sentir aussi peu atteints. En fait, ils renferment tout. A la lecture de son premier livre j'ai compris qu'ils avaient tout gardé en mémoire. C'est même lui, ce livre, qui a ravivé en moi certains souvenirs que les années avaient recouverts. Après l'avoir achevé, j'ai appelé mon fils et je lui ai seulement dit : Tu m'as fait faire un sacré retour en arrière. Rien d'autre. Il savait ce que je voulais dire. Il n'était pas besoin d'ajouter grand-chose. Ce voyage dans le temps, ce n'est pas de gaieté de cœur qu'on l'entreprend. Et pour lui non plus ce ne fut certainement pas une partie de plaisir. Je l'ai découvert en le lisant. Je n'aurais même jamais imaginé qu'ils aient à ce point souffert de l'absence de leur père. *Angers Chère Madame Comment vous exprimer mon désarroi, ma peine, quels mots seraient assez forts pour vous dire tout ce que j'ai ressenti devant ce grand lit, devant votre douleur et celle de tous ceux présents. Je ne peux encore croire que c'est vrai, moi qui me faisais joie de la sienne de nous voir réunis dans le même travail. Je voudrais pouvoir vous donner tout le courage dont vous avez besoin, vous dire tout le bien que j'ai toujours entendu de Joseph, toute la sympathie et la confiance qu'il a su créer autour de lui. Il est entré dans la Paix du Seigneur, que Dieu garde son âme et pour nous tous nous ne pourrons jamais l'oublier. Je vous souhaite, Madame, beaucoup de courage et vous assure de ma profonde et très attristée sympathie. N'hésitez pas à me demander tout ce que vous voudrez pour quoi que ce soit. Rennes Chère Madame Nous avons été très peinés d'apprendre le décès de notre ami, votre cher époux. Sa forte constitution nous donnait l'impression qu'il était invulnérable à la maladie. Lorient Chère Madame Nous n'avons pas le bonheur de vous connaître, mais dans les semaines qui viennent nous irons nous recueillir sur la tombe de votre mari pour qui nous avions une très grande estime à cause de sa grande honnêteté et sa grande délicatesse. Nous ne l'oublierons jamais. C'était un représentant de très grande classe. Nous compatissons doublement à votre grande peine car il était également l'ami de famille, et notre conseiller ainsi que notre confident. Nos pauvres mots ne sauront jamais exprimer le sentiment que nous éprouvons dans cette perte brutale. Plouay Chère Madame C'est avec beaucoup de chagrin que j'ai appris le décès de votre mari. Je n'ose presque pas vous demander si votre mari est mort de sa maladie, son hernie discale, vous savez sans doute, votre mari a dû vous en parler. J'ai une hernie discale aussi qui me fait toujours souffrir et ça dure depuis juin 1962, et pas beaucoup d'amélioration. Votre mari a été à Quiberon, il devait retourner dans 8 jours après son passage chez nous, a-t-il été ? J'ai pensé peut-être que c'est à la suite de ces massages qui auraient pu lui être néfastes. ROME, Missions africaines Chère Madame C'est déjà une belle grâce que le bon Dieu ait rappelé Joseph à Lui au lendemain de sa communion de Noël, et je suis sûr que cette pensée doit vous apporter une certaine consolation dans votre chagrin.*

Ce qui ferait sourire aujourd'hui, ou s'indigner, cette étrange consolation, mais sur le coup on ne relève même pas. Le grand lit à quoi fait allusion cet ami de Joseph, avec qui il devait commencer à travailler la semaine suivante, c'est-à-dire pour le compte de la même maison d'Angers, à l'époque on disait maison pour entreprise ou société, c'est celui où son cadavre reposait, devant lequel durant trois longs jours, jusque tard dans la nuit, ce fut un défilé incessant. Les gens n'en revenaient pas. Toutes les lettres que j'ai reçues le disent, mais sur le coup on les lit à peine. On s'intéresse à la signature, on a une pensée vers ceux-là qui vous assurent de leur sympathie, et on se promet, le moment venu, un peu de force revenue, de les remercier d'un petit mot. Ce qui vous paraît une tâche de plus en plus ardue à mesure que les jours qui suivent le drame vous apportent un courrier de ministre. Autant de lettres pour dire à quelques nuances près la même chose, qui ne vous apprennent rien sinon que leur auteur vient d'apprendre ce que vous êtes trop bien placé pour savoir déjà. D'ailleurs dès la première ligne les larmes affluent et le reste se perd dans le brouillard. Vous avez déjà cheminé un peu dans la douleur, vous vous êtes éloigné de quelques heures, de quelques jours, de la seconde d'effroi où la vie d'un homme a basculé dans les ténèbres, de sorte que vous avez commencé lentement à vous extraire de la violente aspiration de cette zone de mort, et la première ligne, bienveillante, compatissante, qui vous assure de son soutien et de sa peine, vous renvoie à cet instant zéro. C'est cela que vous revivez à chaque lettre que vous ouvrez. Non pas un rappel, car pas une seconde le drame ne sort de votre esprit, mais un brutal retour en arrière qui vous ramène à la toute première seconde, comme si vous étiez relié à vie par un puissant élastique à cette boîte noire, ce qui vous obligera à solliciter sans cesse votre pauvre capital de forces à chaque fois qu'il vous faudra reprendre votre marche en avant, à la merci du premier retour violent, de sorte aussi que, puisant de plus en plus dans vos réserves, il apparaît bientôt qu'il vous sera impossible, humainement impossible, que c'est trop exiger d'un organisme, de répéter plus d'un an cet exercice de gymnaste aux extenseurs ou de batelier de la Volga, de sorte que c'est presque un soulagement, cette pensée qu'il suffirait de se laisser emporter en arrière, de se glisser plié en quatre à l'intérieur d'un médaillon à chagrin comme celui qui pendait au cou de la tante Pauline, de bien refermer le couvercle et de jaunir doucement dans le cœur des survivants, jusqu'à disparaître avec le souvenir du dernier d'entre eux.

La veille, on l'avait installée dans une chambre seule. On lui avait murmuré à l'oreille que c'était pour son confort, qu'elle y serait plus à son aise, de crainte que même du plus profond de son sommeil elle n'interprète ce déménagement comme une mise à l'écart, le signe tangible de l'imminence de sa fin. Dans ses derniers instants d'à peu près lucidité, elle avait demandé à la spécialiste venue s'asseoir au bord de son lit : *vous me sortirez de là, docteur*, sans que sur le coup on sût démêler dans son propos ce qui relevait d'un espoir réel, ou d'une parole dramatiquement de circonstance, ou d'une affirmation délicate destinée à entériner à nos yeux la fiction de sa guérison. Avec beaucoup de douceur, la jeune femme à la beauté des îles lui avait répondu en lui tenant la main que ça prendrait un peu de temps. Pas si longtemps que ça, en fait. Le pauvre corps avait peu après sombré dans ce qui n'était ni sommeil ni coma, mais une inconscience agitée, dont on comprenait sans mal qu'elle pût incommoder sa voisine de chambrée, laquelle se trouvait être originaire de cette même petite station balnéaire de l'Atlantique où notre mère, enfant, passait ses mois d'été en compagnie de ses frère, sœurs et cousins, dont le malicieux Freddy. Un oncle maternel y tenait un hôtel-restaurant, qui servait de villégiature pour les autres membres de la famille, de sorte qu'on ne s'étonne qu'à moitié que l'établissement ait fait faillite, le cuisinier terminant ses jours en compagnie de son perroquet bavard au service d'une branche illustre à sang bleu, ayant même, ce que rapportait la légende, serré la main du comte de Paris, si jamais on serre la main à Son Excellence, lequel avait tenu à le féliciter pour ses talents de maître-queux. Mais cette distribution aléatoire des lits dans le service lui avait permis de renouer avec ses premières années, de voir resurgir en mémoire des figures anciennes, disparues, dont elle découvrait, par les informations que lui donnait sa compagne d'infortune, la descendance. D'ailleurs, depuis le déclenchement de sa maladie, elle dont le magasin avait été le principal centre d'intérêt semblait l'avoir oublié, comme si cette parenthèse de cinquante ans s'était refermée, évaporé le souvenir de sa vie de labeur, au lieu qu'allongée sur son lit elle prenait un visible plaisir à évoquer son enfance et sa jeunesse, dont nous savions peu de chose, au vrai, sur lesquelles elle s'était montrée peu diserte, au point que jusqu'alors nous n'arrivions pas à trancher : en avait-elle gardé de bons souvenirs ? tellement elle semblait imperméable à toute forme de nostalgie.

Heureusement, les photographies de cette époque se révélaient plus parlantes : notre maman, petite, déguisée en Charlot avec fausse moustache, canne et chapeau melon, lors vraisemblablement d'une fête de fin d'année scolaire, et visiblement très à l'aise dans son rôle de composition, une autre où, beaucoup plus jeune, quatre ans peut-être, au cours de ce qui doit être un piquenique en famille au bord d'un étang, nombreux dans sa région natale, un chapeau cloche enfoncé jusqu'aux yeux, un pouce dans le bec, elle se blottit contre sa mère souriante, ce qui contredit l'attitude supposée peu maternelle de celle-ci. Ce qui impose des errata à répétitions pour celui qui l'a présentée comme une femme énergique mais peu tendre. Ce dont prit ombrage son fils au point d'envisager de boycotter les livres de son neveu. De son point de vue, c'est-à-dire du point de vue d'un fils qui lit des choses inexactes sur sa mère, on ne peut que lui donner raison. Alors, pour lui, ce repentir : grand-mère fut une bonne mère, et, par la même occasion, le coiffeur-maraîcher un bon coiffeur maraîcher, ceci pour sa fille qui a été peinée en lisant ce que j'avais écrit sur son père. Qui fut surtout un bon maraîcher. Car sur ce portrait de mes cinq ou six ans, réalisé par un photographe ambulant qui avait installé son camion-studio sur le parvis de l'église et que notre père, toujours accueillant, avait invité à dîner, on voit nettement les traces désordonnées de la tondeuse au-dessus de mes oreilles. Mais un père est un père, et je suis sincèrement désolé.

Comme beaucoup, et d'autant plus qu'on vieillit, j'avais l'habitude de commencer ma journée par la consultation méthodique de la page des avis de décès, journal grand ouvert sur la table à côté de mon petit déjeuner. Ce fut un coup au cœur, comme si ma vieille camarade sortait de l'ombre, où l'avaient entraînée ses rêves de gloire, pour me mettre en garde : *Nantes. – Elle avait 66 ans. On l'a retrouvée dernièrement chez elle. Morte. Décédée de mort naturelle. Seule. Complètement seule. Ginette Valton, artiste dramatique, s'est éteinte à son domicile nantais.*

« C'était une remarquable artiste », nous a confié l'ancien patron de l'ORTF à Nantes qui fut son employeur lorsqu'elle collabora à l'antenne nantaise de Radio-Bretagne. Elle y a interprété de nombreuses pièces radiophoniques. Ginette Valton avait été l'élève de Charles Dullin. Au cinéma elle a aussi interprété quelques rôles, notamment dans La Femme du pendu *au côté de Charles Vanel.*

Morte, décédée de mort naturelle, s'est éteinte, cela faisait beaucoup pour une seule personne. Soit la nouvelle paraissait inconcevable, et il convenait par cette succession de termes voisins pour dire la même chose de bien se la rentrer dans la tête, soit le journaliste n'avait pas grand-chose d'autre à en dire. De plus, l'annonce de la disparition de Ginette Valton occupait un grand encadré à la rubrique nécrologie, comme s'il s'agissait de rattraper cette mort à la sauvette, comme si le journal, se sentant un peu coupable de l'avoir ignorée, se proposait de lui offrir une sortie théâtrale, alors même que peut-être il ne lui avait jamais accordé autant de place dans toute sa carrière, lui réservant ainsi un pauvre triomphe posthume, qui me toucha d'autant plus que Ginette, nous avions été ensemble à l'institution Françoise d'Amboise à Nantes, à Chavagnes, comme nous disions. D'un coup tout m'est revenu, comment elle brillait dans les saynètes des spectacles de fin d'année, son désir de devenir comédienne, ses espoirs, ses premiers succès, et puis je l'avais perdue de vue. J'avoue que *La Femme du pendu*, en admettant que j'eusse repéré son nom sur l'affiche, le titre ne m'eût pas vraiment incitée à me déplacer. Et sans doute était-ce dans un petit rôle, car je n'ai pas souvenir qu'elle ait jamais occupé le devant de la scène. En conclusion de l'article, la police demandait à toute personne ayant connu Ginette Valton de bien vouloir se mettre en contact avec ses services afin de retrouver sa famille. J'aurais aimé appeler. Non pour fournir des renseignements, depuis Chavagnes je ne savais rien d'elle, mais pour en apprendre moi sur elle. Sur ce qu'avait été sa vie. Sans doute avait-elle tout sacrifié à son art et oublié d'avoir des enfants. De là cette mort solitaire. Mais c'était vraiment triste d'imaginer sa fin de vie. Les contrats de plus en rares, l'appartement qui rétrécit à mesure, et cette solitude qui en proportion inverse grandit. Le journal n'avait pas même trouvé une photo d'elle pour illustrer son article. On avait dû solliciter l'archiviste en vain. Rien. Même pas une de ces photos d'artiste soigneusement retouchée comme on en faisait autrefois. Je me souvenais vaguement d'une jolie fille. Mais sur le nom je n'avais à calquer que le souvenir de cette énergie qu'elle dépensait sur notre petite scène, de sa détermination à figurer en haut de l'affiche, et comme nous étions toutes disposées à la croire.

J'ai découpé l'article, ce qui m'arrivait quelquefois, mais d'ordinaire les papiers concernaient un point technique, nouvelle disposition d'une loi sur le petit commerce, date limite pour le règlement des impôts, changements d'heure, d'été, d'hiver, jours de ramassage des ordures, délibéré du conseil municipal, projet d'implantation d'une grande surface, et bien vite ils disparaissaient au milieu de l'amoncellement hétéroclite qui encombrait le plateau du buffet. Cette fois je me suis débrouillée pour qu'il demeure bien en vue, glissé dans une rainure du montant soutenant le panneau du fond. C'était comme un rappel. Presque à la manière des Chartreux qui, chaque fois qu'ils se croisent, c'est du moins ce que m'avait appris mon père, s'informent l'un l'autre de ne pas oublier qu'ils sont mortels. D'une certaine manière, c'est comme si j'avais pressenti que mon tour allait venir, qu'il fallait à travers cet avertissement que me lançait mon amie d'autrefois que je m'y prépare. Souvent ma plus jeune fille, devant mon refus de prendre ma retraite et d'abandonner mon magasin, me prêtait un destin *à la Molière*, disait-elle, prédisant que comme lui je mourrais en scène, c'est-à-dire au milieu de ma vaisselle et des cartons. Mourir en scène, ce devait être aussi le rêve de Ginette Valton, mais on avait retiré la scène de sous ses pieds. Ni rideau rouge ni public pour sa sortie. Le papier ainsi exposé avait perdu de sa blancheur, mais il était toujours en place quand les enfants sont revenus dans la maison après mon décès.

Entre-temps, j'en avais rajouté un second, qu'on m'avait celui-là envoyé, découpé dans un autre journal auquel je n'étais pas abonnée, et ce qu'il racontait c'était la démolition de la grande maison près de l'église, à Riaillé, dans laquelle j'avais passé une grande partie de mon enfance. Comme un autre signe de la fin. L'article s'intitulait *La maison Brégeau rasée. Une page d'histoire*, illustré par une photo représentant un amas de pierres de planchers et de poutrelles derrière lequel apparaît la façade du transept est de l'église, que la maison autrefois dissimulait. Les deux pignons sont encore debout, bien qu'on n'en aperçoive qu'un seul, car la barre faitière qui les retient l'un l'autre, dernier vestige du toit, tirant un trait à l'oblique dans le ciel, comme un fil pour hirondelles, pendrait lamentablement si le second pignon avait été abattu. Sur la partie visible on distingue nettement le papier mural des combles autrefois aménagés en chambres pour les employés de maison, les étages inférieurs disparaissant sous l'éboulement des matériaux. Sous la photo, une légende précise : *Le magasin est livré aux bulldozers...*

Pas aux bombardiers, bien sûr.

Elle devait avoir fière allure au début du siècle, cette importante bâtisse d'une surface de 300 m² au sol. C'est en 1904 que M. Alfred Brégeau (père) entreprit la construction de cet imposant immeuble à côté de la nouvelle église récemment construite.

Avec sa superbe devanture de près de 50 m² dominée par un magnifique balcon en fer forgé, le magasin Brégeau n'avait rien à envier à beaucoup de magasins nantais de l'époque. Présentant une variété de rayons – confection, tissus d'ameublement, articles religieux, épicerie –, les futurs époux pouvaient aussi s'y adresser pour composer leur trousseau. Rien n'y manquait : la robe de mariée, le voile, la couronne en fleurs d'oranger, bagues, alliance...

Pendant un certain nombre d'années, le magasin fut prospère, mais après le décès de leur père en 1940, les deux demoiselles, Marie et Pauline, ne purent échapper à l'évolution.

Une des dernières activités du magasin fut certainement celle de la confiserie, très appréciée des scolaires de l'époque. C'est une page d'histoire qui pourrait un jour peut-être inspirer un des petits-fils de la famille Brégeau, prix Goncourt 1990...

Je n'aime autant pas. C'est une page heureuse de mon enfance. Qu'il la laisse blanche, qu'il renvoie ses lecteurs à la comtesse de Ségur pour les jeux dans le parc autour du bassin ovale, les parties de croquet dans l'herbe, les goûters organisés par les tantes, la maison de poupées et la dînette en porcelaine. Cette maison, il ne l'a pas connue. Ou si, mais alors qu'elle n'était plus qu'une maison hantée par deux femmes fantomatiques : la tante Pauline qui était devenue, non pas méchante comme il était commode de le prétendre, mais acariâtre, revêche, tellement loin de ce qu'elle était jeune fille, et Marie-Louise, sa fidèle servante entrée presque enfant au service de la famille, toutes deux survivantes d'une autre époque où les pères s'imaginaient garder leurs enfants à vie auprès d'eux et construisaient une maison en conséquence, comme celle-ci qui comptait seize chambres et deux salles à manger, de quoi loger conjoints, petits-enfants et domestiques. Cette demeure, il en avait réalisé les plans, qui correspondaient à son idéal de vie : il transmettrait son métier de tailleur à ses deux fils, lesquels travailleraient par la suite avec lui, quant à ses deux filles, elles s'occuperaient du magasin, un magasin moderne, inspiré de ceux qu'il fréquentait à Nantes, et ainsi, entouré de toute sa tribu, il n'aurait plus qu'à se préparer à mourir comme un patriarche, la descendance éplorée faisant cercle autour de son lit, guettant une dernière parole, une ultime recommandation, mouillant de larmes son front et recueillant son dernier souffle. Il n'exigeait pas expressément de ceux qui restaient qu'ils s'immolent sur sa tombe, mais c'était tout comme. Du moins en ce qui concerne ses filles, lesquelles restèrent, de fait, vieilles filles. Victimes de la guerre, bien sûr, la première, qui là comme ailleurs effeuilla à poignée les cœurs à prendre, si bien qu'à leur retour il n'y en eut pas pour tout le monde, mais victimes aussi de ce père tyrannique qui estimait qu'aucun homme ne saurait avantageusement le remplacer auprès de ses filles.

La tante Pauline, cette vieille dame que vous avez connue désagréable, aigrie, qui indisposait les clients au point que sur la fin, alors que ne subsistait plus des rêves expansionnistes du défunt grand-père qu'un rayon de confiserie, perdu au milieu des hauts rayonnages presque vides où traînaient encore deux ou trois pièces de drap enroulées autour d'une planchette, aussi passées de mode que ces réclames anciennes aux couleurs délavées qui tapissaient les murs, témoignant d'un temps où l'on ne pouvait vanter une marque de chocolat sans faire appel à un tirailleur sénégalais, la tante Pauline qui semblait, avec son chignon savamment tiré et ses cols montants en dentelle fermés par une broche d'agate ou un camée, sortir tout droit d'un carton à chapeau du siècle dernier, la tante Pauline dissimulait dans le médaillon qu'elle portait depuis soixante ans autour de son cou une peine d'amour. A sa mort, quelqu'un, Marie-Louise peut-être, la servante officiellement dévouée mais qui n'avait pas d'autre choix, s'est avisée de l'ouvrir, et à l'intérieur, plié en quatre, gisait un secret de vieille dame : la photographie jaunie d'un homme en uniforme, à la prestance d'avant le carnage, c'est-à-dire en costume de bal, et qui fixait l'éternelle jeune fille depuis plus d'un demi siècle. Nous l'avions oublié mais ce n'était pas la guerre qui avait empêché le mariage, même si le soupirant n'en était pas revenu, c'était son père à elle, qui avait jugé que celui-là dans son bel habit de parade n'était pas digne d'entrer dans la grande maison, d'y partager la même chambre que sa Pauline. Ou craignait-il qu'il n'en fasse sortir sa fille ? Toujours est-il qu'il s'était opposé aux fiançailles et que l'éconduit n'avait trouvé rien de mieux qu'une mort héroïque pour mettre fin à ses tourments.

Voilà comment on arrête une vie au moment de son envol. Comme ces premières tentatives de l'aéronautique, quand les avions roulaient en cahotant sur l'herbe et, après avoir atteint leur pleine mais insuffisante vitesse, au moment de lever le nez et de gagner le ciel, se contentaient d'un petit saut de grenouille et retombaient piteusement. Pauline avait ainsi couru vers son amour en agitant des bras comme des ailes, et puis au bout de la piste un mot de son père lui intimait d'arrêter de faire la folle et de rentrer à la maison. De quoi perdre la tête. Elle ne la perdit pas, ou pas complètement, mais le cœur en prit un coup, qu'elle renferma dans son médaillon avec la photographie de son chagrin. Je me souviens des tantes. Comme la tante Marie était gentille, non pas celle de mon mari, mais la mienne, la sœur de Pauline. Dans cet effondrement qui a été le mien, après la mort de Joseph, ce contre quoi j'ai dû lutter, ce n'est pas tellement contre la tentation d'en finir, même si j'ai douté à ce point de souffrance qu'on pût tenir ainsi plus d'un an, mais contre l'envahissement des souvenirs. Je leur avais tourné le dos en suivant mon mari dans notre nouvelle vie. Mais là, au moment où celui pour lequel j'avais tout quitté me laissait seule, emportant avec lui provisions de forces et rations de survie, ils me revenaient à flots, m'apparaissant dans leur brutalité lumineuse comme ne rimant plus à rien, c'est-à-dire que ce à quoi j'avais travaillé pendant les dix-sept ans de notre vie commune – et, quand je refaisais mes comptes, ça semblait bien peu –, c'était à forger une rime à ce bonheur d'autrefois. Ces souvenirs emportés avaient été mon cahier des charges, ce à quoi j'aspirais. Or il n'était pas besoin d'être devin pour comprendre après le drame que quelque chose n'aurait plus jamais lieu, et ce n'est pas la nostalgie qui m'amenait à cette conclusion, c'est qu'il me manquait désormais une pièce maîtresse pour y parvenir. Pour tous, dans mon acharnement au travail, j'ai pu donner l'impression d'une fuite en avant, au lieu que ce grand magasin qui s'occupait, rappelez-vous, de composer le trousseau des jeunes mariés, c'est cela au fond que dans ma solitude j'ai cherché à retrouver, me retournant pour transformer le commerce de gros hérité de mes beaux-parents en Cadeaux-Listes de mariage. Du moins en ce domaine j'aurais mieux réussi que les tantes.

Il est certain que j'ai toujours déconseillé à mes enfants de prendre ma suite, leur ayant maintes fois expliqué que je ne voulais personne après moi, faites ce que vous voulez, tout, sauf le commerce, mais tout, c'était une façon de parler, je pensais que lui saurait faire la part des choses, il doit être possible de s'occuper dans la vie sans faire parler de soi au détriment des autres. Qu'on ne s'étonne pas, après, des retombées. D'autant qu'en mettant certaines personnes en cause il m'a placée dans une situation délicate. Car moi, j'étais seule dans mon magasin, pas de liste rouge, pas de code secret, entrait qui voulait, je n'allais pas filtrer les clients. Et à qui venait-on se plaindre ? Se plaindre, non, pas vraiment, dans l'ensemble les gens se montraient plutôt bon public, qui me disaient, après les compliments d'usage, comme vous devez être fière et cetera, avoir apprécié le passage sur la pluie, qui est, à mon avis, avec les pages sur le remembrement en Bretagne, ce qu'il a fait de mieux. En quoi ses lecteurs étaient d'accord avec moi, et, s'il y avait eu la moindre chance qu'il m'écoute, je lui aurais conseillé de s'en tenir à la description des paysages. Il aurait ainsi pu écrire des articles pour des magazines de géographie, par exemple. Mais j'ai choisi de me taire plutôt qu'il me rabroue et se montre désagréable à son habitude. Car, s'il me représente à la moindre contrariété faisant la moue, front plissé et lèvres pincées, vous n'avez pas vu sa mine renfrognée. Vous ne l'avez pas vu parce qu'il cache bien son jeu. Côté public souriant, côté famille, enfin, c'est mon fils, il a aussi ses bons côtés que je ne nie pas. Mais qu'est-ce qu'il avait besoin d'aller fouiller, enquêter ? Qui voulez-vous que ça intéresse, ces vieilles histoires ? D'ailleurs, je trouve qu'il serait temps pour lui qu'il change de registre, qu'il laisse un peu tomber la famille et se mette à raconter autre chose. Et puis, ça ne regarde personne. Quand il a parlé de, enfin, cette histoire, c'est-à-dire que mon mari, bon, c'est vrai, avant moi, aurait été fiancé, il n'a pas réfléchi aux conséquences, ç'aurait pu très mal tourner. Mais là, je le lui ai fait savoir. Un soir, au téléphone, à demi-mots très nets, après un silence de plusieurs semaines pour qu'il sache bien à quoi s'en tenir. Il y a des limites, tout de même.

C'est Emilienne, la blonde fiancée, qui ne passe pas. Comment l'a-t-elle reconnue ? Et d'ailleurs elle ignorait que vous étiez au courant. Mais votre maman bientôt vous le confirme, qui voit déjà sa rivale de toujours entrer furieuse dans le magasin, faire un esclandre, renverser sauvagement les étagères, lui jeter à la tête les services de verres, jouer aux soucoupes volantes avec les assiettes, et, au milieu des débris de notre belle vaisselle, deux vieilles dames de soixante-dix ans s'arrachant les yeux et les cheveux pour le compte d'un homme qu'elles s'étaient disputé cinquante ans plus tôt et mort depuis trente ans. Mais il est trop tard pour modifier quoi que ce soit, sinon deux ou trois mots qui ne suffisent pas à escamoter le bel antécédent.

Tant pis. Vous ne ferez pas mieux la prochaine fois. Bientôt vous travaillerez sans son regard, vous pourrez la faire entrer dans vos livres sans risque qu'elle vous contredise ou vous fasse la tête. Car bientôt elle ne lira plus vos lignes, la petite silhouette blafarde qui se vide inexorablement de son sang.

Une attente vertigineuse, somnambulique, entièrement centrée sur ce moment où l'organisme va dire stop, et on ne sait pourquoi celui-là plutôt qu'un autre, mais que l'on guette, que l'on épie, c'est comme d'assister à l'éclosion d'un œuf, car quelque chose va se briser et, dans cette attente de ce qui va fatalement arriver, toute l'attention est captée par la respiration puissante, rapide, rauque, raclant le fond de la gorge comme un torrent contrarié, baromètre sonore dont on interprète les moindres variations. Diminue-t-elle d'intensité, nous nous resserrons autour du lit, s'arrête-t-elle, demeure-t-elle un instant en suspens, nous voilà penchés au-dessus de l'agonisante. Serait-ce là la première manifestation de la mort ? mais non, le râle phénoménal, après quelques ratés, quelques crachotements, se remet en marche, repart de plus belle, le cœur atteignant des pulsations de coureurs cyclistes au sommet de l'effort, quand ceux-là dans l'ascension d'un col classé hors catégorie, les plus redoutables, dégrafent leur maillot et cherchent à gober tout ce qui peut ressembler à de l'air. Et pour notre maman, la bouche ouverte à se décrocher la mâchoire, ce qui creusait davantage son pauvre visage décharné, au point que l'on voyait le dessin de son crâne sous la peau livide, on aurait aimé y déverser un torrent d'air pur pour pallier les défaillances de sa moelle osseuse, le corps tout entier animé maintenant de soubresauts comme sous le coup d'électrochocs en rafales, avec parfois des pics sonores dont on se disait qu'ils correspondaient à l'ultime soupir, après quoi la poitrine retombe et ne remonte plus, la tête se couche sur le côté, et c'est l'effrayant silence. Mais non, la formidable machine humaine repart encore, le corps reprend son branle frénétique, et c'est là que dut s'imposer l'épisode subliminal qui ouvre ce livre qui parle d'elle, car ce dont je me suis rendu compte bien après, c'est que, si je n'avais pas parlé de cette agonie, c'est que j'en avais déjà parlé. La question, presque au sens ancien du terme, de mise à la question pour obtenir des aveux, s'est trouvée immédiatement réglée. On peut même dire que je n'aurai pas mis longtemps avant de parler. Je n'aurai pas tenu un paragraphe. Dès le premier tout est dit, le morceau, le gros morceau, celui qui avait du mal à passer, est lâché. S'il s'était agi d'un dur à cuire, le genre Jean Moulin qui meurt sous les coups plutôt que d'avouer, vous n'en auriez jamais rien su. Au lieu que là, au bout de trois lignes, cette évocation du calvaire autrefois des enragés qui s'impose d'emblée, comme une vérité littéralement aveuglante, inutile de dissimuler plus longtemps, ce calvaire, ce fut le sien.

On dort mais ce n'est pas vraiment dormir. C'est s'installer au plus profond de soi, au plus loin du monde, dans un endroit où la vie se replie, rétrécit à vue d'œil, se concentre en un point comme l'univers à ses débuts, comme l'univers à sa fin, se réduit à une goutte minuscule de conscience au bord de s'évaporer au premier rayon froid, où les voix semblent venir d'autres galaxies, ondes fossiles qui vous rappellent vaguement l'écho des conversations d'autrefois, où les sons extérieurs sont couverts par le vacarme du cœur, ce martèlement de tambour qui vous mène à marche forcée vers le terme, vous ramène à la vie d'avant la vie, quand le cœur de la mère, emplissant l'espace liquide, calmement sonnait le glas de toute vie future, ce glas qui résonne frénétiquement à présent, s'emballe au point qu'il ne peut y avoir qu'une issue à cette cavalcade funeste. De temps en temps une infirmière se penchait au-dessus de mon lit, et me hurlait mon nom à l'oreille. Au début, je sursautais, répondais avec cet empressement des enfants pris en faute, marmonnant de vagues syllabes, mais on ne voulait rien d'autre de moi, seulement la confirmation que la communication passait toujours, et je m'enfonçais à nouveau dans mon antre profond, puis quelques heures plus tard cette même bouillie sonore à mon oreille, mais de moins en moins significative, car à quoi rimait ce nom bien trop grand pour si peu de vie ? Ce nom impliquait de la chair, du mouvement, une histoire. Est-ce qu'une perle d'eau sur un sol asséché donne encore son nom à l'oasis ? Cela s'appelle le désert, ou l'erg, ou je ne sais quelle définition de mots croisés. Mais ce n'est plus ce lieu foisonnant où convergeaient toutes formes de vie, où croissaient et multipliaient les variétés les plus inattendues. Je pris bientôt l'habitude de ne répondre que par un grognement, par un vague tremblement de ma lèvre rentrante, je demandais sans demander qu'on me laisse tranquille dans mon réduit de vie, qu'on arrête de me casser les oreilles au lieu de me sommer comme une petite fille. Toute ma vie j'ai répondu présente, ne songeant qu'à faire mon devoir, quand souvent je ne devais rien. Faites-moi cette grâce pour une fois, pour la dernière fois, de me consigner aux abonnés absents. N'exigez plus de moi dans l'état où je suis cette pénible remontée à la surface. D'ailleurs, à la toute fin, j'étais si loin, si microscopique dans mon lointain, que l'infirmière s'échinait en vain à chercher à renouer un inutile contact radio, je faisais la sourde oreille, l'écho de sa voix se perdait dans les sables mourants.

Et ce qui est dit dans cette évocation des enragés, ce n'est pas tant l'agonie que le meurtre, ou, si l'on veut, un geste humanitaire, mais qui consiste à mettre délibérément un terme à la vie d'un homme pour s'épargner à soi le spectacle de sa souffrance et à lui les dernières stations de son chemin de croix, comme si, surgissant de la foule, dans la montée du Golgotha, un homme, une âme sensible, avait planté son couteau dans le cœur du porteur de poutres pour lui éviter cette ultime épreuve des clous et ce raffinement des bourreaux qui ont calculé que, s'il veut respirer, le crucifié aux membres percés, pendant comme un fruit lourd à son arbre stylisé, devra tirer sur ses mains ou prendre appui sur ses pieds, ce qui l'obligera à faire un choix entre mourir asphyxié ou déchirer davantage ses plaies, un jeu qui n'amusait semble-t-il qu'un temps, puisque le légionnaire recevait bientôt l'ordre d'en finir avec les suppliciés en leur brisant les jambes afin de leur couper le souffle ou, si l'affaire paraissait entendue, en s'assurant d'un coup de lance dans le flanc que la bête était bien morte. Donc un meurtre, ou un geste humanitaire, même l'Eglise y perdait son latin, qui fermait les yeux sur ces enragés qui curieusement mouraient d'étouffement quand dans le même temps elle refusait les derniers sacrements aux suicidés. Il était donc conseillé de s'en remettre aux autres, d'engager un tueur à gages, par exemple, plutôt que se donner soi-même le coup de grâce. Mais le tueur à gages refusa, c'est-à-dire que celle-là qui avait en charge le service, toute jeune dans sa blouse blanche, refusa d'administrer la dose de morphine qui eût apaisé notre agonisante, développant devant nous qui l'implorions cet argument qu'elle risquerait un arrêt cardiaque, ce qui parut sur le coup un raisonnement étrange, ce qui eût entraîné en d'autres circonstances moins tragiques une remarque goguenarde du genre elle est bien bonne celle-là, ou c'est la meilleure, ce qui donnait envie de prendre la récalcitrante par le col de sa blouse et de la traîner jusqu'au chevet de la mourante, de lui imposer l'examen du pauvre corps en transe et de lui assener : et si c'était, mais, en fait, elle était passée par là, elle aussi, quelques mois plus tôt, pour sa mère également, voilà qui nous rendait moins farauds, nous coupait nos effets de manche. On comprenait à travers ce qu'elle tentait de nous expliquer qu'elle n'était pas là pour ça, et c'est vrai que nous aurions trouvé bien plus étrange encore que la même passe dans les chambres, seringue en main, et propose spontanément un coup de pouce du destin, je vais vous arranger ça, ou débranche tel ou tel malade d'un geste détaché comme en sortant d'une pièce on éteint la lumière, et comptant les croix sur son listing : encore dix-huit lits de libérés, ce matin. Surtout, elle n'était pas là pour prendre sur ses épaules ce qui nous semblait trop lourd, ce dont nous espérions nous décharger sur elle, la vision déchirante des derniers restes de notre mère, cette petite ride agitée sous le drap, avec cette envie que ça cesse, que cesse le tremblement de son corps, son souffle rauque et l'emballement de son cœur, avec cette envie secrète de tirer l'oreiller de dessous sa tête et dans un sanglot le plaquer sur son visage comme s'il s'agissait de mouler dans cet éteignoir de plumes son masque mortuaire.

C'est sans doute impressionnant, mais de l'intérieur on vit les choses différemment. On vit, façon de parler. Il y a encore quelques organes justement dits vitaux qui font du zèle, sans qu'on sache vraiment ce qui les motive, dans le genre on nous a mis là, on ira jusqu'au bout, mais cinq minutes avant sa mort on n'a pas vraiment le loisir d'en profiter. Ce qui n'avait plus beaucoup d'importance, car, pour la première fois depuis des semaines, j'étais seule dans la chambre. Les enfants avaient choisi de sortir dîner en même temps plutôt qu'en se relayant l'un d'entre eux risquait de ne pas assister les autres au moment du dernier souffle. Si j'avais pu leur dire un mot, je les aurais encouragés en ce sens, ne vous inquiétez pas pour moi, tout va bien, le principal c'est de vous voir ensemble. Sans doute ressentaient-ils le besoin de souffler, après ces deux journées pleines à mon chevet. Il y avait bien longtemps que nous n'avions pas été réunis tous les quatre autour d'un lit. La dernière fois, c'était pour la mort de leur père quand je les avais rejoints au bout de la nuit dans la chambre donnant sur la rue et que nous avions serré notre chagrin à quatre sous le même édredon. La tante Marie avait pris le relais auprès du corps et poursuivi seule son marathon de prières. Pensa-t-elle alors à invoquer le père

Brottier ? C'était un de ses intercesseurs favoris. Ce qui devait remonter au début de la seconde guerre, quand Joseph, après avoir perdu en l'espace d'un an sa mère et son père, s'était retrouvé seul au monde avec pour toute famille sa tante et son cousin. Sans doute avait-elle recherché dans son stock d'images pieuses une prière adaptée à la triste situation de son neveu, de manière à le placer sous la protection d'un haut vénéré. Il faut croire que celui-là faisait défaut, qu'elle ait dû se rabattre sur le fondateur des Orphelins apprentis d'Auteuil, lequel en dépit de sa longue barbe blanche à deux pointes de patriarche, ne fait pas partie des têtes couronnées. On peut même le considérer comme un sans-diplôme, ni saint, ni béatifié, ni bienheureux. Mais, à l'époque où à l'heure du coucher nous avions l'habitude de réciter notre prière en commun avec les enfants, la tante m'avait convaincue de rajouter cette invocation à celui qui prit sur lui de s'intéresser au sort des sans père ni mère, ce qui, connaissant la suite et cette nuit tragique de décembre, était un pressentiment cruel. Je m'étonne que mon fils n'ait pas mentionné ce petit reliquaire qui s'ouvrait comme un livre, comportant à l'intérieur, à gauche, une photo du père Brottier, qui ressemble à Joffre, avec ces cheveux blancs taillés en brosse, et à droite, sous un disque de Cellophane grand comme une pièce de cinq centimes, un minuscule carré d'étoffe blanche *ayant touché au révérend*. Au dos on lit cette pensée du même : *Je n'oublierai jamais ceux qui se sont montrés généreux pour mes orphelins.*

Cette fois il fallait nous séparer. Avant de quitter la chambre ils se sont penchés à tour de rôle, comme je le faisais autrefois au moment de leur souhaiter bonne nuit, m'ont embrassée, mes filles m'ont longuement caressé le front, mon fils a essayé de me dire quelque chose à l'oreille. Je n'ai pas bien saisi, mais entre nous la parole n'est jamais vraiment passée. Je ressens combien l'épanchement nous était difficile à l'un et à l'autre, aussi bien en paroles qu'en action. Peu de temps auparavant j'avais écrit ce mot dont mon fils a retrouvé le brouillon dans mes papiers et dont l'original est parti dans le sud :
Pour toute la famille
Vous connaissez la raison pour laquelle je ne suis pas à vos côtés, mais je tiens à vous dire que je partage votre douleur. Les mots, je ne les trouve pas pour atténuer votre chagrin, seul le temps je l'espère l'apaisera. Sachez que je suis de tout cœur avec vous, je vous aime très fort, et croyez à ma sincérité.
Adieu Philippe, avec toute l'affection que j'avais pour toi.
Je vous embrasse
Tante Annick

La raison pour laquelle je n'étais pas à leurs côtés, au moment où ils vivaient ce drame relevant d'un absurde théâtre, n'était un secret pour personne. J'étais bien trop épuisée par la maladie et les traitements pour entreprendre un si long voyage, assistant d'une analyse sanguine à l'autre à la chute vertigineuse de mes globules rouges et à l'explosion exponentielle des blancs, calculant à coups de règle de trois mon espérance de vie jusqu'à la semaine suivante, de moins en moins exigeante, me réjouissant d'un score misérable qui m'aurait fait bondir quelques mois plus tôt, m'accoutumant à cette nouvelle mathématique, cherchant, ma calculette en main, à grappiller quelques jours supplémentaires. Et voyez. Pauvre Philippe. Si on avait parié sur lequel des deux partirait le premier, lui quarante-trois ans et moi trente ans de plus à qui l'on ne donnait que quelques mois à vivre. Et pourtant. C'était sans compter avec la générosité de mon neveu et de son cousin qui choisirent de s'arrêter au bord d'une piste, le long de la côte mauritanienne, pour dépanner une voiture ensablée, quand trente autres véhicules étaient passés sous le nez des naufragés sans même se donner la peine de ralentir, et sous le sable, alors que le câble de la remorque était tendu à se briser et que les roues patinaient, devinez quoi : un engin de mort. Adieu Philippe, adieu Régis qui devait supporter un mois son corps brûlé avant de rejoindre son compagnon de charité, tandis que moi la condamnée-programmée je me faisais coiffer sur le fil par deux enfants, car ceux-là qu'on a connus enfants le demeurent. Et donc, après cet inconcevable, à votre tour il vous reste à mourir, et il vous apparaît que c'est pour rien puisque votre disparition ne les fera pas revenir. Mais cette apostrophe à quelqu'un qui n'est plus, *adieu Philippe*, cet imparfait : *avec toute l'affection que j'avais pour toi*, qui semble valoir autant pour lui que pour moi, alors que dans l'autre partie du billet je m'adresse aux vivants il faut croire que j'avais déjà l'esprit à demi engagé dans le royaume des morts. Aurais-je écrit à bientôt si j'avais eu la certitude de la résurrection ? ou cet adieu signifiait-il à la grâce de Dieu, l'éventualité d'un on ne sait jamais. On balance beaucoup dans ces moments-là. D'où le besoin de laisser une porte ouverte. Il est exact que devant la tombe de mon mari, pointant le mystère de la mort, j'ai confié à ma sœur Claire qui m'accompagnait au cours de ma promenade dominicale au cimetière que pour moi, après, il n'y avait rien. Il est sûr que l'espérance en la prière, il y avait bien longtemps que je n'y songeais plus. Mais sur la fin on n'a plus ces jugements tranchés. Il nous semble tellement, profondément, que l'on va retrouver ceux qui sont partis avant nous. On les sent de plus en plus présents, proches, presque à portée de voix. On jurerait que ça tient à pas grand-chose de reprendre avec eux le dialogue interrompu. Alors, qu'est-ce qui ne va pas ? on devrait se réjouir, comme à l'idée de revoir sa famille, ses amis. Ce qui ne va pas, c'est tout bête, mais ça paraît tellement invraisemblable l'idée de quitter ce monde quand on ne connaît rien d'autre, qu'on n'a toujours connu que celui-là, quand on ne sait vraiment pas à quoi s'en tenir. On a beau avoir sous les yeux un vrai sujet d'inquiétude, ce corps qui ne ressemble plus à rien, qui n'arrive plus à se traîner, à redresser la tête, et bientôt à simplement soulever les paupières, on n'arrive pas à y croire. Ce qui ne va pas ? C'est mourir. Ça ne tient pas debout.

Mais cette lettre, en la relisant, avec un peu de recul, je vois bien comme j'ai toujours eu peur de ne pas savoir exprimer mes sentiments, et par conséquent qu'on mette en doute leur réalité. *Je vous aime très fort, et croyez à ma sincérité.* Normalement, *je vous aime très fort* aurait dû suffire. Quel besoin de risquer de passer pour insincère en cherchant à arguer de sa bonne foi ? A moins que l'on doute soi-même de sa capacité à aimer. Ce qui ne veut pas dire qu'on se sente incapable d'aimer. Ce qui veut dire qu'il faut beaucoup d'arrogance pour parler au nom de l'amour. Quand on est humble, on ne prétend pas incarner à soi seul un sentiment aussi fort. Et donc, *croyez à ma sincérité*, il fallait comprendre : ce que j'éprouve ressemble à de l'amour, mais peut-être vous en faites-vous une si haute idée que ce que vous en percevez vous semble bien modeste. Mais aiment-ils mieux et plus fort, ceux qui font l'étalage de leurs sentiments ? Ont-ils plus d'amour à donner ? Lorsque je retrouvais mes enfants, dont la pensée ne m'avait pas quittée pendant tout le temps de leur absence, j'avais l'habitude, sitôt que retentissait la sonnette du magasin, de courir jusqu'à la porte et, au moment de les embrasser, hissée sur la pointe des pieds, de les retenir un instant contre moi, de déposer un baiser un peu plus appuyé que le rapide baiser du soir sur leurs joues. Ce qui pour moi avait valeur d'étreinte. J'essayais ainsi de leur faire passer par ce supplément d'émotion combien j'étais heureuse de les revoir, combien, quoique jamais devant eux je ne m'en sois plainte, ils m'avaient manqué, et aussitôt je précisais que j'avais tout préparé, que s'il était l'heure du repas ils n'auraient qu'à mettre les pieds sous la table, qu'il y avait ci ou ça qu'ils aimaient, par exemple les langoustines à la saison, pas ces mollusques caoutchouteux que l'on sort des bacs à glace, non, achetées bien vivantes qui rosissent à la cuisson en se débattant, à la chair blanche veinée de corail, ferme et onctueuse, et je leur laissais ma part, prétendant qu'au contraire d'eux il ne tenait qu'à moi que je n'en mange toute l'année si je le désirais, ce qui était devenu pour eux, mon argumentation, une sorte de leitmotiv ironique et affectueux qu'ils reprenaient en chœur avant même que je refuse de reprendre d'un plat : vous savez bien que je peux en manger tous les jours. Mais je ne m'en vexais pas. Il était entendu ainsi, pour tout le monde, que cette part, c'était ma part d'amour, et que cet amour, ils l'ingéraient avec mon art de faire les sauces.

Mais prendre à bras le corps, couvrir de baisers, égrener des mots doux, user de tendres diminutifs, ce n'était pas moi. Ce *tante Annick* qui au-delà de mon neveu s'adressait à toute la famille, c'était, me semble-t-il, ce qui me définissait le mieux. Il m'est arrivé de demander à des jeunes gens qui n'étaient ni neveux ni nièces de m'appeler ainsi, lorsque le *Madame* n'était plus de mise, et que le prénom seul, hormis ceux qui m'avaient connue jeune fille, je n'ai permis à personne d'en user. De même que je ne tutoyais que les enfants. *Vous* pour tout le monde. Et *tante Annick* traduisait bien cette relation affectueuse et distante. Pour mes enfants, c'était, en conclusion d'une carte d'anniversaire, par exemple, que je ne manquais pas de leur envoyer : *votre maman qui très fort vous embrasse*, et cette inversion, quand d'ordinaire il est plutôt habituel d'écrire je vous embrasse très fort, je ne sais pourquoi, elle me venait spontanément sous la plume. Peut-être est-ce un signe de cette fantaisie intérieure que je ne parvenais pas à comprimer tout à fait, et qui se manifestait par de micro-anomalies dans le cours ordonné de ma vie, comme ce culbuté d'une phrase terminale, de même qu'un acteur comique dans un rôle sérieux, sitôt la scène coupée, exécute un petit pas de danse facétieux. Ou peut-être fallait-il voir dans cette figure de style un précipité littéraire qui ne serait pas tombé dans l'oreille d'un sourd. Du coup, je m'étonne moins. Non que je prétende à présent que son talent d'écriture soit le mien, car je me suis longtemps demandé d'où ça pouvait venir, cette histoire, mais par *très fort je vous embrasse* je parviens mieux à saisir l'origine d'un mouvement, cette force qui pousse à retourner des phrases comme on retourne des chemises, pour qu'elles durent plus longtemps, qu'elles paraissent comme neuves, au lieu que *je vous embrasse très fort*, on signe et on n'attend même pas de réponse.

Curieusement, c'est par intermédiaire qu'on communiquait le mieux. Sur la fin, il me faisait passer des messages par la presse. Par exemple, cet entretien qu'il avait donné dans le *Journal des Veuves* où il racontait sans manière ce qu'avait représenté pour lui la perte très jeune de son père, et qui m'a bien plus touché que ses livres.

Ce manque de naturel, elle me l'a assez reproché. L'embrassant une dernière fois, j'aurais voulu résoudre d'un mot tous ces malentendus entre nous. Je lui ai dit que je l'aimais. Je crois que le sentiment était juste, mais la formulation laissait à désirer, ou plutôt le ton. C'était peut-être tout simplement mal joué, et donc elle risquait de ne pas y croire. On ne peut pas dire non plus qu'à son exemple j'étais à bonne école. Quand elle voulait manifester une émotion sur commande, elle avait tendance à en faire trop. Ce qui n'implique pas qu'elle feignait. Mais la crainte sans doute de ne pas suffisamment se faire comprendre, voire qu'on la soupçonne d'une absence de sensibilité. Lorsqu'elle a demandé : Vous me sortirez de là, docteur, c'était toujours elle, ce regard implorant qui s'efforce malgré tout de sourire. A force de ne jamais se plaindre, comme on ne faisait pas cas de ses tourments, elle quémandait de temps en temps, maladroitement, un peu de compassion. Considérant l'énorme différentiel entre ses tourments et ce qu'elle en laissait voir, sans doute estimait-elle à certains moments y avoir droit, que ce n'était vraiment pas du luxe. A raison. On ne plaint que les plaignants. Faire montre d'une absolue discrétion, c'est se condamner à mourir seul. Et, de fait, elle a profité de notre absence momentanée pour nous épargner d'avoir à recueillir son dernier souffle. La connaissant, nous sommes convaincus que de sa part ce fut délibéré.

C'était le bon moment pour mourir. J'avais au cours de ces trente-trois ans de solitude pris l'habitude de me soustraire au regard des autres. Personne n'a été témoin de ces milliers de soirées où je n'avais pour compagnie que les voix du téléviseur tandis que je tenais ma comptabilité au bout de la table de la cuisine. Personne ne sait si je ne les passais pas à essuyer mes larmes entre deux colonnes de chiffres. Personne n'a été le confident de mes rêveries, car croyez-vous qu'elles s'arrêtent avec la disparition de l'époux ? Personne ne peut dire mes moments de découragement, de colère rentrée, d'abandon, où je sentais si bien l'absurde de ma condition qu'il n'y avait que la pensée de mes enfants pour me pousser à continuer. En fait, si, j'ai eu des témoins. Consécutivement deux chiens et un chat. Je me rappelle que Pyrex, le petit ratier noir et blanc qu'avait ramené de je ne sais où mon mari, comme après sa mort j'étais assise seule à pleurer sur une chaise dans un coin de la cuisine, est venu en gémissant poser ses deux pattes avant sur mes genoux, en grattant jusqu'à ce qu'il obtienne que je lève les yeux sur lui et que je le gratifie d'une pauvre caresse sur le haut du crâne. Et son successeur, mon brave Platon, si laid avec ses poils rêches de sanglier, gueulard et se prenant pour un dur, toujours par monts et par vaux dès qu'une chienne semblait espérer ses bons offices, capable d'attendre des heures derrière une barrière, patience qui lui permettait de venir à bout de ses concurrents et d'obtenir les faveurs de la promise, mais qui, lui, ne supportait pas que je m'absente un instant, ne serait-ce que pour faire une course. Et mon petit chaton qui vécut ma maladie comme une aubaine, sitôt que je me suis alitée, passant la totalité de son temps roulé en boule sur une serviette que je lui installais à mes pieds pour ne pas endommager le couvre-lit en piqué. Ils ont été mes interlocuteurs secrets au cours de ces trente-trois ans. Mais la conversation était forcément limitée qui se ramenait toujours à : mon pauvre chien, ce que tu peux être sot.

Aux heures de grande solitude, mes pensées allaient vers mes enfants. Je les imaginais dans ce qu'ils faisaient, là où ils étaient. Je ne crois pas à toutes ces choses-là comme la tante Marie, mais, quand mon fils se levait tôt pour vendre ses journaux dans le froid, j'aurais volontiers comme la petite Thérèse de Lisieux qui marchait percluse de rhumatismes pour un missionnaire, mis mon réveil à sonner à l'aube et ouvert grand ma fenêtre au vent d'hiver. Pour qu'ils n'en doutent pas, je leur rapportais des conversations avec monsieur X ou madame Untel, où j'avais défendu l'idée que, tout ce que j'ai fait, notamment de survivre, c'est pour mes enfants, que sans eux, je n'aurais pas trouvé cette énergie-là qui m'a permis de continuer. Je crois pouvoir dire que, dans la mesure de mes moyens, je ne pouvais pas faire davantage. Au-delà, c'eût été une autre que moi. Moi, j'étais exactement celle-là qui attend que ses enfants quittent la chambre pour leur épargner l'horreur de l'instant de la mort. Ainsi ils ne sauront jamais si mon ultime manifestation de vie n'a pas été un cri. J'ai donc profité qu'ils aient le dos tourné pour accélérer le processus de dégradation de l'organisme. Ma tension s'est effondrée sitôt leur départ, l'infirmière qui est passée après eux a tout enregistré.

Puis le cœur a ralenti comme un coureur épuisé. J'étais seule. Le personnel soignant ne repasserait pas avant une heure. Tout est allé alors très vite, la vie pliée comme on plie bagage, la conscience comme une pluie de rosée qui s'évapore. De toute manière, on a beau faire, il demeure si peu. Et ce si peu, qu'est-ce qu'il représente ? Est-ce qu'on s'imagine qu'une trace de pas dans le sable nous donne la couleur des yeux du promeneur ? Qu'est-ce qu'elle nous apprend sur ses sentiments au moment où il longeait le bord de mer ? Envie de prendre l'air ? de solitude ? de se confier aux éléments ? Que peut-on conclure de ce moment où il semble s'être arrêté ? Qu'il a suivi du regard l'évolution d'un voilier ? ou était-ce le vol plané d'une mouette ? ou bien, le vent fraîchissant, a-t-il déroulé le bas de son pantalon dont il avait au préalable relevé les jambières pour ne pas risquer de les mouiller ? Quelqu'un l'appelait-il du fond de la plage ? Est-ce un galet remarquable qui a attiré son attention, dont il s'est saisi en se penchant et qu'il a roulé dans sa main ? ou un coquillage ? ou un verre coupant que de crainte qu'un enfant ne s'y blesse le pied il a lancé au loin dans les vagues ? Vers qui allait sa rêverie ? Et donc, qu'est-ce que vous savez de moi ? De ce long fil de pensées déroulé pendant soixante-quatorze années ? Ce que je vous ai donné à voir. Mais était-ce bien moi ? Totalement moi ? ou juste une partie de moi ? Vous étiez d'avis que j'étais aimable, bavarde, consciencieuse, honnête, de bon conseil, rieuse, compatissante, courageuse, humble, têtue, organisée, brouillonne, que je vous ai servis de mon mieux, que je me suis mise en quatre pour vous, ne prélevant dans l'échange que le minimum, de quoi assurer la pérennité de mon affaire et mon propre entretien, que j'ai élevé seule mes trois enfants, ce qui d'ordinaire ne fait pas une mauvaise mère, c'est cela que vous emporterez de moi. Nous en resterons là. J'ai vécu ma vie, et croyez que j'ai fait de mon mieux. Mes désirs secrets vous seront à jamais inconnus. Adieu, mes petits enfants, je ne suis plus de ce monde, très fort je vous embrasse. Votre maman qui vous aime.

Après commence quand, poussant la porte de sa chambre, vous êtes frappés par le silence qui y règne au lieu que quelques instants plus tôt elle résonnait du râle effrayant de la mourante, rauque, rapide au point qu'il était impossible de calquer votre respiration sur la sienne. Après, vous entendez votre sœur, face à ce grand silence, au corps immobile qui a déjà sur les lèvres le rictus moqueur des cadavres, pas si éloigné de celui qu'on lui connaissait, annoncer stupéfaite : elle est morte, comme si nous nous étions habitués à cette agonie et qu'elle ne devait jamais finir, comme si cette présence minimum nous était devenue acceptable, familière et qu'il n'y avait aucune raison devant notre peu d'exigence qu'on nous l'enlève. Et nous comprenons que notre mère défunte a profité de notre absence momentanée pour nous épargner ce dernier souffle. Mais c'est normal, jusqu'au bout c'est bien elle : surtout ne vous dérangez pas pour moi, mes petits enfants.

II

II

De ce moment, la préparation du rituel, les formalités administratives, l'annonce du décès, laissent peu de temps au chagrin. Dès le lendemain vous défilez dans une étrange galerie qui expose une litanie de cercueils, présentés à plat sur des tréteaux ou inclinés, en appui contre le mur. Entre fous rires et larmes contenus, vous vous appliquez à paraître attentifs à l'argumentaire du vendeur, recueilli, tenu malgré tout de faire l'article, de recommander celui-ci plutôt que celui-là, qui est très bien aussi, oui, plus sobre, et garanti pur chêne, conscient des circonstances qui l'empêchent de se coucher dans l'un d'eux, capitonné de satin violet, pour en vanter le confort, ou d'en agripper un autre par les poignées en laiton en expliquant qu'elles supporteraient un cadavre de trois cents kilos. Puis, c'est la visite au responsable de la paroisse afin de régler certains points de la cérémonie funéraire, lequel nous reçut dans son presbytère qui n'était plus celui que nous avions connu avec son jardin de curé, ses ballets de vicaires en soutane, ses planchers encaustiqués par des bonnes dévouées, mais une maison moderne, déserte, comme on en voit dans les lotissements, avec une baie vitrée ouvrant sur rien et un pan de toit en ardoise descendant jusqu'au sol pour se distinguer de sa voisine. Nous apportions avec nous le souhait de notre disparue, un des rares que nous l'ayons jamais entendu formuler au cours de sa vie, avec le voyage en Corse qu'elle ne fit pas, et que nous exposâmes d'emblée : pour sa messe d'enterrement elle ne voulait pas de ces prêchi-prêcha qui l'indisposaient, qu'elle jugeait faux et qui avaient certainement contribué à nourrir son scepticisme, mais uniquement de la musique, bien plus apte selon elle à la méditation, rien d'autre, pas un mot, que le prêtre s'arrange pour marmonner sa messe de son côté, et qu'il n'interrompe pas par une sollicitation à se lever, prier, chanter, répondre, cette torpeur triste au milieu des voix célestes, ce que, ce désir, nous présentâmes diplomatiquement, en y mettant les formes, pour ne pas peiner l'homme du Verbe. Or ce vœu-là, le plus élémentaire, on ne nous permettait pas de l'exaucer, n'entrant pas dans le service à la carte qu'on nous tendait comme le menu du jour, éclectique, baroque, pour tous les goûts, tous les degrés de foi, de la plus grande à la moins assurée, où l'on nous donnait à choisir dans un cahier de textes entre saint Jean de la Croix, Péguy, Déroulède, Franck Sinatra et une petite sœur martyre du Rwanda, et si vous voulez bien donner à l'officiant quelques renseignements sur la disparue il les glissera dans son homélie. Puis le même nous apprenait que son ministère surchargé, car il était responsable de trois douzaines de paroisses alentour, s'arrêtait désormais à la porte de l'église, que de là nous serions seuls pour l'adieu à notre mère, sans un mot de consolation au moment de l'escamotage final et de la descente dans la fosse, ce qui revenait à laisser un mort livré à lui-même, qui n'est pas plus apte à se débrouiller qu'un petit enfant, ce qui ailleurs relèverait de non-assistance à personne en danger. Et pas seulement le mort, les endeuillés, lesquels après avoir attendu en rang d'oignons et jeté une poignée de terre sur le cercueil s'éloigneraient en silence, la tête basse, en traînant les pieds sur le gravier, attendant d'avoir franchi la porte du cimetière pour se regrouper et évoquer la disparue. Or ceux-là ne demandent pas à croire au père Noël, ils n'exigent pas de mettre les doigts dans les plaies, encore moins une assurance sur l'au-delà. Dites seulement une parole qui ne se referme pas sur le vide absolu, qui laisse une chance minuscule, et pas même à l'espérance, simplement à une intuition poétique, tortueuse, intrigante, comme, par exemple, *de sorte que l'idée que Bergotte n'était pas mort à jamais est sans invraisemblance.*

Il nous semblait que cette sortie par la petite porte était injuste pour elle, quand nous aurions aimé une haie d'honneur le long de sa *via dolorosa*, comme sur le parvis de l'église quand les amis chasseurs du marié font une tonnelle de cors de chasse au-dessus des jeunes époux, ou, footballeurs, de ballons, et pour notre commerçante c'eût été un long sas de porcelaine et de cristal composé par la myriade de ceux qui avaient déposé chez elle une liste de mariage. D'où, par défaut, l'idée d'écrire une brève apologie de notre vaillante, un tunnel de vent, peut-être, mais que ça ne se passe pas comme ça, à la sauvette, avec l'intention d'en faire la lecture devant ceux qui n'ayant pu se détacher de leur vieille compagne, attendant d'elle un ultime conseil pour un cadeau de toute dernière minute, l'auraient suivie dans sa lente et silencieuse traversée du bourg jusqu'à l'enclos du cimetière, un chemin familier pour elle, qu'elle avait emprunté chaque dimanche après-midi pendant trente-trois ans.

Pour la retrouver au meilleur de sa forme, il n'y avait pas à chercher loin, il suffisait de la remettre dans son magasin, celui-là même qui avait été le théâtre de ses opérations glorieuses, aux commandes duquel elle avait résisté aux divisions fracassantes de la grande distribution qui se vantent, sur d'immenses panneaux braillards à la sortie des villes, d'écraser, de laminer, de matraquer, de bombarder, comme s'il s'agissait d'une nouvelle croisade exterminatrice, d'une guerre sainte contre les prix, se parant de vertus chevaleresques au nom de la défense des bourses opprimées, sortes de preux vandales offrant à la pauvreté les dividendes d'une misère plus grande, hordes déferlantes derrière lesquelles notre mère défendait, armée de sa gentillesse et de son rire moqueur, son carré d'herbe tendre, car c'est le plus bel hommage à lui rendre, celui auquel elle tenait, et moins pour ses exploits de commerçante obstinée que pour tout cet amour qu'elle avait donné au cours de ses trente-trois années de présence ininterrompue, lorsque, les bras encombrés de cartons trois fois plus volumineux qu'elle, elle trouvait la ressource d'un bon mot à l'adresse de celui qui venait de pousser la porte et s'étonnait de ce concentré de vigueur en une aussi petite femme. *Cher Monsieur, je passe de temps à autre à Campbon, et à chaque fois j'éprouve une certaine nostalgie devant le magasin, définitivement fermé. C'était un tel plaisir d'entrer, d'être accueilli par un sourire, un mot gentil, de fouiner dans cette caverne d'Ali Baba. Votre maman était poète à sa manière. La vente était-elle vraiment le but de sa démarche ? De plus, elle ne manquait pas d'humour. Je la revois agenouillée près d'un carton qu'elle ouvrait, et me disant avec malice : « Vous savez, je suis plus souvent à genoux ici qu'en face », en me montrant l'église. Elle s'inquiétait de la santé d'une sœur malade, de ma mère âgée, s'indignait du coût de certains articles, des salaires anormalement bas de ceux qui les fabriquaient. Tous ces souvenirs reviennent pêle-mêle. Bien d'autres personnes qui fréquentaient le magasin de votre maman témoigneraient dans mon sens, tant il est vrai qu'il s'établissait avec elle un rapport plus chaleureux que commercial.*

Ses fidèles étaient réunis en cercle autour du cercueil exposé dans l'allée centrale du cimetière sur cette chaise à porteurs funéraire qui consiste en deux brancards et quatre pieds, et la petite assemblée ne sachant, faute d'officiants, quelle attitude adopter, il m'avait fallu m'avancer au milieu du parterre de croix dans la douceur d'un mois de juin finissant, ma feuille en main curieusement agitée quand il n'y avait pas un souffle de vent, l'autre main enfoncée dans la poche de ma veste, non par désinvolture, mais pour me planter dans le pouce la pointe d'un stylo à bille de manière que la douleur prenne le pas sur l'émotion, et, d'une voix d'autant plus chevrotante qu'elle s'efforçait de porter loin, j'avais entrepris un éloge de ce corps désormais sans vie dans son coffre de chêne, comme s'il me revenait de parachever son triomphe, d'associer nos deux talents, ainsi qu'il est dit dans la parabole, pour envoyer une volée d'anges à travers le canton porter la triste nouvelle et dire la grandeur de cette femme si petite. *Et le secret de cette résistance farouche, tous ceux qui ont franchi la porte de son magasin le savent, c'est un amour des autres, un amour a priori, comme l'amour de la justice, c'est-à-dire que l'entrant est présumé innocent, ce qui signifie qu'il pourra repartir libre, les mains vides, sans se sentir coupable de n'avoir rien pris – d'ailleurs c'est elle qui insiste –, et celui-là lui en est d'autant plus reconnaissant qu'il se souvient par exemple d'être ressorti d'une boutique avec des chaussures à peine à son pied, ou vêtu d'une veste à rayures qui était censée se marier à merveille avec son pantalon à carreaux. Et donc, à présent soulagé, il voue une reconnaissance infinie à celle qui n'a pas cherché à l'abuser. Et savez-vous quoi ? Fort de cette confiance, il va revenir. Et, de fait, pendant trente-trois ans il est revenu. Il lui faudra maintenant franchir d'autres seuils, mais à chaque fois qu'on le jugera sur sa mise, sur son faible pouvoir d'achat, il pensera à notre mère, si petite et si grande, qui le considérait à sa juste valeur d'homme. C'est pourquoi nous l'aimons et nous l'admirons. Peut-être que cet amour qu'elle dispensait sans compter lui est offert à présent au centuple, ainsi qu'il est écrit. Ce qui serait juste, mais n'atténue qu'à peine notre peine. Notre unique consolation, à nous qui procédons d'elle, c'est qu'une part d'elle vit en nous, et qu'elle vivra aussi longtemps que nos vies.*

Et il est sûr que ceux-là, assurés de notre gratitude, qui l'accompagnaient jusqu'à sa mise au tombeau revoyaient à cette évocation, au dos de leurs paupières baissées, la petite dame enjouée aux bras chargés de cartons, trottinant inlassablement sur ses petits talons, et si l'ami de Lazare qui réveille les morts avait eu la bonne idée de passer par là, on l'aurait supplié, dites quelque chose, de même qu'il lui avait suffi de lancer au frère de Marthe et de Marie : *Lazare, viens dehors*, comme l'on dit sors de là si t'es un homme, et émergeant de sa grotte aménagée il était réapparu parmi les siens, pas lavé de plusieurs jours, empêtré dans ses bandelettes, s'y prenant les pieds, et là notre docteur miracle aurait cogné contre la caisse, allez, debout les morts, et on aurait pu s'attendre raisonnablement à ce qu'elle soulève le couvercle de son cercueil, s'excuse d'avoir dérangé tant de monde et, de son petit pas pressé, regagne bien vite son magasin, écartant la foule, lançant à la cantonade que l'intermède était terminé, agacée par tout ce temps perdu pour cause de mort et de funérailles, consultant avec effroi la grande horloge du clocher et se dépêchant comme le lapin blanc d'Alice, présumant que sans doute des clients l'attendraient devant la porte fermée, qu'elle avait toujours répugné à faire patienter, préférant écourter une conversation avec les siens, qu'elle trouverait bien le temps de reprendre plus tard, le temps d'un passage éclair dans le couloir pour gagner l'entrepôt du jardin, apercevant par la porte de la cuisine sa petite fille de quelques mois dans sa chaise haute d'enfant et lui lançant *ô ma petite reine*, avant de repartir tête baissée à la recherche de l'article introuvable qu'on la mettait au défi d'avoir en rayon.

Mais cette fois, parce qu'on ne revient pas de la mort comme si de rien n'était, parce qu'elle, la mort, n'a pas son pareil pour bouleverser le bel ordonnancement d'une vie, son retour se ferait au milieu des étagères vides, car, après que nous eûmes passé un communiqué dans un journal local annonçant la liquidation du stock en vue de la cessation définitive de son commerce pour cause majeure, ce fut la razzia, et du coup son triomphe posthume, une foule comme jamais, à laquelle ne pouvait même pas se comparer celle, notre référence absolue, qui se pressait aux plus belles veilles de Noël ou de la Fête des Mères, envahissant les deux niveaux, s'arrachant les rares objets dont auparavant personne ne voulait, comme si, au-delà de leur valeur d'usage parfois incertaine, il s'agissait à présent d'antiquités ou de reliques, refusant presque les remises avantageuses de crainte de rater une si bonne affaire, levant les bras pour mettre hors de portée des convoitises une merveille insoupçonnée, laissant après son passage le magasin dévasté, tel que nous ne l'avions jamais vu, puisque jusqu'à cette apothéose finale il avait toujours regorgé de marchandises, mais en quelques jours tout était joué, il ne restait plus rien, que le squelette des étagères qui doublent les quatre murs jusqu'au plafond et dont l'accumulation d'articles nous avait dissimulé la profondeur. Il ressemblait dorénavant à une tombe princière dont des pillards auraient emporté le mobilier funéraire. Dans ce qui avait été son royaume de trente mètres carrés, et serait à jamais son sanctuaire, bruissant encore des louanges que la foule lui avait décernées et qui constituaient rassemblées le plus beau des panégyriques, le seul auquel elle eût été sensible, régnait désormais l'esprit de notre maman.

Une exposition théâtrale dirait ceci : *la scène se passe dans un magasin de vaisselles, jouxtant une bijouterie, à proximité d'une église monumentale de style fin de siècle, dans un bourg aux marches de Bretagne à vocation rurale en dépit de la proximité de l'océan* – mais tout cela a été suffisamment ressassé, avec les tempêtes arrachant les fils électriques et téléphoniques, le vent d'ouest parfumant le linge d'iode et de sel, la variété des pluies, et la luminosité des ciels de l'Atlantique. Une petite dame sans âge s'affaire seule dans la pénombre au milieu de ses cartons. L'heure est à la nuit tombée, lorsque le lampadaire sur la façade déverse une lueur poudreuse dans la devanture, clair-obscur blafard qui s'infiltre parmi les rayons et permet de ne pas allumer, ceci afin d'éviter qu'un noctambule, apercevant de la lumière, ne s'autorise à venir sonner à la porte. De loin en loin, on entend le passage d'une voiture ou d'un vélomoteur dont le cylindre unique s'emballe sur la route mouillée, puis c'est le carillon triste du clocher scandant les quarts d'heure comme des hoquets de silence ou l'écho lointain d'un sanglot fossile. La pluie aussi est de la partie, l'inévitable pluie d'Atlantique, qui strie doucement de pointillés obliques le cône de lumière du lampadaire. La masse sombre de l'église de l'autre côté de la rue donne à la nuit de la terre qui cerne son volume néo-roman une clarté de lune endeuillée. C'était pour elle, notre mère, cette heure où tout s'endort, l'heure des comptes, c'est-à-dire qu'après le repas du soir et vaisselle rangée, elle faisait le bilan de la journée, d'un tour de clé sur la caisse enregistreuse obtenant les chiffres du jour qui tombaient dans un bruit de mitraillette sur le rouleau de papier blanc qui s'enrayait parfois, et qu'elle confrontait avec les chèques et billets soigneusement rangés dans le tiroir, lesquels elle ramenait en liasse dans la cuisine, puis glissait non sans une ultime vérification dans une sacoche noire à soufflets, qu'elle emportait, serrée contre elle, après s'être assurée que tout était bien fermé, gaz, portes et électricité, dans sa chambre. Le coffre-fort, il est permis d'en faire l'aveu maintenant, servait de leurre. On n'y trouvait rien que de vieux papiers, témoignages divers sur la famille, actes de propriété de la maison, reconnaissances de dette, divers objets comme le dentier de la grand-mère et toute la fortune de la tante Marie tenant dans son sac à main de skaï noir, plus quelques documents sans valeur, papiers officiels, lettres, photos entièrement jaunies aux figures presque indiscernables datant de la première guerre, que j'étais seul à consulter. Pendant ce temps, la fortune du jour sommeillait sans plus de précaution à côté de notre mère endormie. Et si ailleurs, autour de la maison, certains eurent à déplorer la visite de voleurs, ceux-ci devaient se souvenir que la famille de l'un d'eux avait sans doute bénéficié des accommodements financiers de la petite dame compatissante pour, en reconnaissance, lui éviter ce genre de visites nocturnes. A ceux-là, à la délicatesse bienveillante de ces voleurs-là qui par leur intrusion brutale lui eussent peut-être fait regretter d'accorder aussi facilement sa confiance, il sera beaucoup pardonné.

Nous l'imaginons dans la pénombre de son mausolée,

éternellement à son poste au milieu des cartons déballés, étiquetant sa marchandise, la rangeant sur les étagères, commentant de sa voix d'outre-tombe et toujours incisive les faits et gestes des vivants, libre d'y recevoir, en reine de la nuit, la litanie de ses morts et de les convoquer pour une explication ultime. La porte n'a pas besoin de s'ouvrir pour laisser passer les ombres. On sait depuis ce soir de la résurrection où onze courageux dans une maison de Jérusalem, comme une armée en débandade, privée d'état-major et de consignes, se calfeutraient de crainte qu'on ne leur fasse subir le même sort qu'à celui-là qu'ils avaient suivi trois ans sur les routes de Galilée jusqu'à cette pâque sanglante, que les revenants se jouent de la pierre, qu'ils s'enfoncent dans les murs comme dans du beurre, qu'ils peuvent débarquer à l'improviste sans qu'un courant d'air n'ait au préalable, en soulevant mollement un voile, dénoncé leur présence. Ce qui fait qu'on n'entend pas la sonnerie stridente déclenchée à l'ouverture de la porte, par cette mise en contact des deux lamelles métalliques qui signalait l'entrée d'un client, ou, si elle sonne, c'est une évocation discrète, comme la sonnerie qui invite à s'agenouiller au moment de l'offertoire, et de toute manière cela ne fait qu'ajouter au mystère car la porte est restée close. Pourtant, au milieu du magasin, enveloppé d'un nimbe légèrement luminescent, sur le point de s'éteindre, se tient un homme grand, engoncé dans des vêtements de la couleur des pierres, gêné aux entournures comme s'il avait le cou bloqué par une minerve, le corps immobilisé par un corset, et si l'hôtesse ne le reconnaît pas immédiatement, reste un moment interloquée face à cette apparition, c'est que, toujours si l'on en croit cette expérience du premier revenu d'entre les morts, on sait que cette traversée des ténèbres ne se fait pas sans dommage, qu'on y laisse des plumes, qu'elle vous débarrasse de ces signes d'identification immédiate qui n'étaient qu'altération du vivant, cicatrices du temps, et vous rend tel qu'en vous-même espéré, cette vérité de soi sous le masque, de sorte que Marie-Madeleine, par exemple, ne reconnaît pas le jardinier à qui elle réclame le corps du supplicié *(si c'est toi qui l'as emporté, dis-moi où tu l'as mis et moi je l'enlèverai)*, on la sent prête à négocier, à surenchérir sans fin pour posséder enfin la sainte relique, et l'autre pourrait obtenir en échange tout ce qu'il voudrait. Elle, peut-être. Or, celui-là qu'elle interroge, c'est ce même jardinier des âmes dont un jour elle oignit les pieds de sa chevelure parfumée. On imagine comme en rêve elle avait dû reparcourir mille fois le chemin qu'avaient tracé les gouttes de parfum dans la poussière qui couvrait sa peau tannée de chemineau infatigable, réexécutant inlassablement les mêmes gestes, puis timidement levant son visage vers lui dont elle se vantait de pouvoir réciter, les yeux fermés, les traits comme les vers d'un poème, et pourtant elle ne le reconnaît pas. De sorte que c'est l'homme-Dieu qui se charge de lui rafraîchir la mémoire, *Mariam*, dit-il. Et elle, et nous voyons tous à cet instant l'éblouissante lumière dans ses yeux, une joie pure, irradiante, comme jamais peut-être, et elle : *Rabbouni*, ce qui peut se traduire de mille façons, mais aucun mot ne saurait rendre cet absolu de l'amour. Et la suite, nous la connaissons. Mais il n'y a pas que Marie-Madeleine à faire preuve de cette perte de reconnaissance devant le revenant. Les pèlerins d'Emmaüs aussi, qui partagent avec lui une table à l'auberge. S'il n'avait pas coupé le pain à sa manière si particulière et tendu la corbeille aux deux compères, ceux-là au moment de régler auraient demandé à l'aubergiste une addition séparée, et faute d'avoir identifié leur prestigieux convive ils n'auraient pas eu à se reprocher pour le reste de leurs jours de lui avoir mesquinement fait payer, à lui qui n'avait hésité à donner sa vie pour eux, sa part de poisson.

Et donc on peut penser que, devant cet entrant qui, bien qu'empêché par sa carapace de se mouvoir librement, n'a pas eu besoin de pousser la porte, notre marchande d'éternité marquerait d'abord un temps d'arrêt. Qui est-il, cet homme ? Elle cherche dans la panoplie de ses souvenirs. Celui-là lui rappelle quelqu'un, c'est sûr, mais il ressemble trop à une statue devant laquelle on cherche à reconnaître un homme illustre. A qui peut bien lui faire penser cette taille haute de commandeur, cette chevelure argentée. Et puis, prudemment comme on se jette à l'eau, pour en avoir le cœur net et évacuer d'emblée un doute majeur : *C'est toi, Joseph ?*

Ce serait lui, notre statufié, dépossédé de sa voix par celui qui a témoigné au sujet de quelques épisodes supposés de sa vie et qui les a écrits, et dont nous n'avons jamais su si son témoignage était vrai. C'est la raison pour laquelle elle hésite avant de nommer celui qui fut son homme unique, car on sort d'un livre comme on revient d'entre les morts. Paré pour l'éternité, avec ce physique imparfaitement ressemblant qu'on adopte une fois pour toutes, sur lequel le temps n'aura pas de prise, mais que les vivants ont peine à reconnaître. Sommé de s'expliquer, il ne pourrait se défendre puisque son avocat de fils a choisi de parler pour lui, l'a sommé de se taire, profitant de l'encombrant silence des morts. Il est là, au milieu du magasin, dans la pénombre brumeuse du réverbère qui de la rue éclaire la vitrine, massif, raide comme la justice, avec cette démarche lourde, saccadée, maladroite des corps pétrifiés. C'est toi, Joseph ? Mais si c'est lui, ce n'est pas tout à fait lui. Ne pourrait-on désormais le débarrasser de cet encombrant uniforme de pierre conçu par notre pauvre garçon, qu'il retrouve l'aisance et la souplesse d'un corps plein de vie ?

III

Ils ont été déçus, les camarades de Joseph, du portrait que j'avais fait de cet homme. Ils ne l'ont pas reconnu. Ce n'était pas celui dont ils avaient gardé un vivant souvenir, qui les avait charmés, amusés, entraînés, conseillés, aidés parfois. Celui-là était une création romanesque, une statue taillée à grands éclats, pour les besoins d'une démonstration, pour combler un manque, une fresque endommagée par le temps et restaurée à larges traits approximatifs de manière à relier entre elles les parties pleines, mais celui-là qui se dressait devant l'enfant n'avait rien à voir avec le modèle. A ce point attristés qu'ils me l'ont fait savoir, estimant, mais il était trop tard, qu'il eût mieux valu que je les consulte, qu'ils n'auraient pas demandé mieux. Pourquoi ne s'est-il pas adressé à nous, qui étions tout à fait disposés à lui parler du grand Jo. Chacun de nous à un moment de sa vie a compté parmi ses proches. Or, ce n'est pas de sa faute, bien sûr, mais nous l'avons mieux connu que lui, et surtout plus longtemps. Au vrai, qu'est-ce qu'ils ont vécu ensemble ? Onze ans, et pas même en continu, puisque jusque-là son père était toujours sur les routes. Et qu'est-ce qu'on retient à cet âge ? Quelques instantanés dont on ne sait trop à quoi ils renvoient, des images de vacances ou de fêtes mais tellement associées à des photographies qu'on se demande ce qu'on en a vraiment retenu, au point qu'on se dit qu'autrefois, avant l'invention de Niepce, les gens ne devaient pas se souvenir de grand-chose. Au lieu qu'il lui suffisait de collecter les formidables souvenirs que nous avons gardés de lui, pour rameuter lesquels nous n'avions pas à faire un grand effort de mémoire, tellement, comme l'a confié l'un d'entre nous dans un voile de sanglot à la caméra qui le fixait, celui-là même qui avait débarqué sans le sou dans le village et que son père avait contribué à mettre en selle, en lui offrant son garage pour exercer son métier de peintre et des travaux pour en vivre : *il est inoubliable, cet homme-là.*

De fait, nous ne l'avons pas oublié. Le temps n'y a rien fait. Nous sommes quelques survivants à pleurer encore en évoquant sa mémoire, comme le grand Louis qui n'en finit pas avec ses larmes de régler sa dette de bonté. Nous étions une mine de renseignements qu'il n'a pas daigné exploiter, ce qui est dommage, et même préjudiciable pour notre ami qui de tous ces témoignages confondus serait ressorti bien plus grand, tel qu'en lui-même. Il a estimé que son père lui appartenait, que l'image que nous avions de lui ne correspondait que partiellement avec celle qu'il avait conservée. Il est sûr que le point de vue d'un enfant sur son père diffère de celui d'un ami, mais si son intention était, comme il l'a expliqué par la suite, de reconstruire la figure de celui qui l'avait trop tôt quitté, à partir des bribes d'impression qu'il avait conservées de leur bref temps de vie commune et de quelques traces recueillies, alors il manque la seconde source de renseignements pour que le portrait soit complet, au lieu qu'il nous livre un Joseph hémiplégique, en somme, une moitié de Joseph que nous, nous n'avons pas connu. Ce qu'il nous donne à voir de lui, c'est un profil égyptien, c'est-à-dire que, si on le décolle de sa fresque, il ne tient pas debout. Se souvient-il, par exemple, lui qui se plaint d'avoir eu un père distant, qu'enfant il était toujours fourré dans ses jambes, qu'il ne le quittait pas d'une semelle ? Que Joseph, qui aimait bricoler, lui avait installé un petit établi dans son atelier pour qu'il puisse sous sa surveillance s'initier au maniement des outils, prenant sur lui d'expliquer à l'enfant comment il convient de placer son pouce contre la lame de l'égoïne avant de commencer très doucement le va-et-vient de la scie, sans forcer, de manière que les dents amorcent dans le bois une première encoche ? et comment un marteau se tient par le haut du manche ? et un rabot une main au-dessus, l'autre en arrière ? et ainsi pour tous les outils de l'atelier ? Pense-t-il qu'il ait appris seul cet art du bricolage ? Nous étions là, qui ne demandions pas mieux que de lui rafraîchir la mémoire.

Ainsi, au cours des années qui ont suivi la mort de son père, lorsqu'il faisait de l'auto-stop pour revenir de son collège nazairien en bordure de mer, combien de fois n'a-t-il pas profité de la voiture de l'un d'entre nous, dès lors qu'il quittait la nationale pour se poster au croisement de la route qui le ramenait chez lui. Soit nous l'avions reconnu, soit nous établissions de nous-mêmes, après un échange de propos, son identité. Mais alors, tu es le fils de Joseph ? Et à partir de là les anecdotes pleuvaient. Mais en fait ne pleuvaient pas trop, car aussitôt, à cette seule évocation de son père, c'est lui qui mouillait ses yeux de larmes. On s'excusait, et on changeait de sujet. Alors les études, ça va ? Mais c'était plus fort que nous, avant même d'attendre sa réponse on rebondissait : ton père, en classe, c'était un cador. Et un drôle. Qu'est-ce qu'on a pu rire avec lui.

Ce qui ne faisait que raviver les larmes du petit auto-stoppeur. Quel âge avait-il ? Quatorze ans ? Quinze ans, peut-être, quand il se postait sur le pont qui enjambe la voie de chemin de fer à la sortie de Saint-Nazaire, un sac de voyage à ses pieds, et que ce n'était certainement pas pour économiser l'argent du voyage en car, même s'il connaissait la peine que se donnait la survivante pour leur offrir des études, laquelle n'était que moyennement ravie de voir son fils débarquer d'une voiture inconnue. Etait-ce une épreuve qu'il s'imposait dans son début de parcours solitaire, déboussolé, sans repère autre que ce souvenir exemplaire du disparu qu'on ne manquait jamais de lui rappeler et auquel il était sans cesse confronté ? Car ce poing tendu à l'adresse des automobilistes, parfois rageur quand ils ne daignaient pas s'arrêter, c'était comme si dans le flot des voitures il cherchait celle qui ne passerait plus jamais, une ID 19 à la carrosserie carmin, par exemple, conduite par un grand monsieur aux cheveux blancs qui se rangerait en douceur à quelques mètres de lui et vers laquelle il courrait en tirant son sac trop lourd où il entassait tous ses livres de classe, tandis que le pilote, de l'intérieur, lui maintiendrait la portière ouverte. Car Joseph et les voitures, c'était une vieille histoire. Son très officiel « permis de conduire des automobiles » lui avait été accordé le 8 octobre 39, alors qu'il n'avait que dix-sept ans et demi. A l'âge où son fils s'initiait à l'auto-stop, lui conduisait déjà en catimini l'imposante camionnette Citroën de son père, réussissant les manœuvres les plus délicates comme de la rentrer, sans dommage pour la tôle, dans son garage, ce qui revenait presque à faire passer un dromadaire par le chas d'une aiguille, de sorte que quatre ans plus tard il se montrait plus habile au volant que l'examinateur chargé de lui délivrer son permis de conduire. Ce que le petit orphelin savait en prenant place à côté du chauffeur compatissant. Peut-être même n'attendait-il que cela, qu'on lui raconte encore et encore les exploits de notre camarade. Peut-être même est-ce la raison pour laquelle lui-même se montre incapable de piloter une voiture, comme si l'obtention de la feuille rose risquait de le priver de l'évocation de la haute figure paternelle.

Des anecdotes ? Par exemple quand le grand Jo détourna un convoi de camions militaires américains pour embrasser sa fiancée à la fin de la guerre, les GI découvrant avec étonnement Riaillé, Joseph leur expliquant que, connaissant les environs, il jugeait cette route plus sûre, ou ses défis improvisés comme de plonger sous une péniche et en ressortir de l'autre côté – ce qui manqua tourner mal, le nageur restant collé par la pression contre le fond de la coque –, grimper au sommet du palmier du jardin de son cousin Emile et, debout au centre des palmes, sonner du clairon, se promener par un froid de gueux, le col de sa chemise grand ouvert et apostropher les passants emmitouflés jusqu'aux yeux pour leur demander son chemin, les obligeant à s'arrêter quand ils se pressaient de rentrer chez eux, lui, paraissant insensible aux degrés dégringolant en dessous du zéro, les retenant, demandant des précisions, se faisant réexpliquer pour la troisième fois son itinéraire, et nous à quelques mètres pouffant de rire le nez dans nos écharpes, ou encore ce numéro de cirque, quand, après avoir assisté au tour d'un illusionniste et déclaré avec son esprit cartésien qu'il ne voyait rien là de magique, que si ça se faisait c'est que la chose était faisable, demandant à l'un d'entre nous de s'allonger à travers deux chaises écartées d'un mètre dans un bar, posant sur l'abdomen du cobaye, auquel il conseillait de tendre ses abdominaux, un parpaing, puis levant une masse au-dessus de sa tête, et alors que toute l'assistance retenait son souffle, fracassant le bloc de ciment. Et le volontaire ? Pas une égratignure. Il était cet homme à qui l'on faisait ce genre de confiance.

Cette fantaisie de tous les jours, trente-cinq ans après la disparition de notre camarade, on en parlait encore. On, c'est-à-dire l'ami Michel qui à la demande de sa fille égrenait sur son lit de mort les souvenirs marquants de son existence, et, parmi ceux-là, le grand Joseph, dont il n'avait pourtant pas été un familier, ne l'ayant croisé qu'à deux reprises. La première fois, dans ce collège de Chantenay près de Nantes, tenu par les inévitables, dans l'Ouest, frères de Ploërmel. Une congrégation religieuse fondée par La Mennais, mais pas Félicité, l'admirable, non, son frère, Jean-Marie, qui rachetait par son orthodoxie ultramontaine les errances de son cadet rebelle et d'ailleurs excommunié par les foudres vaticanes pour cause de christianisme libéral. On y admettait les titulaires du certificat d'études primaires, qui deux ou trois ans plus tard sortaient de Notre-Dame de l'Abbaye avec en poche un brevet élémentaire, autant dire que, dans les campagnes d'avant-guerre, il n'y avait que les séminaristes, le médecin, le pharmacien et le notaire pour se vanter d'un niveau d'études supérieur. Ce qui, pratiquement, ce diplôme chantenaisien, les autorisait à reprendre à quinze ou seize ans le magasin de vaisselles en gros et demi-gros de leur père. Mais Michel n'a rien oublié de sa vie de pensionnaire, les horaires, les noms des différents professeurs, de ses condisciples, les rituels des promenades du jeudi, dites sans ordre, car les élèves n'étaient pas astreints à marcher en rang, ni à porter l'uniforme, contrairement à la sortie du dimanche où, si la promenade avait lieu sous la pluie – nous sommes en pays nantais –, la grande capote de drap bleu épais se gorgeait d'eau et devenait lourde à traîner, les journées rythmées par les prières et les passages à la chapelle, la lecture au réfectoire dont il ne précise pas si elle devait être édifiante, l'obligation de silence, les longues périodes de plusieurs semaines sans revoir la maison, les sanctions comme celle qui consistait à manger debout au milieu du réfectoire sous le regard de l'ensemble du collège, les privations de sortie, quand la famille venait un dimanche rendre visite à son garçon et qu'elle devait se contenter d'une rencontre au parloir, et pour Joseph c'était monnaie courante, au grand dam de son père qui intervenait pour que soit levée l'interdiction, mais en vain, Michel concluant que la discipline y était rude. Ce qui donne encore plus d'éclats aux exploits de celui qu'il présente ainsi : *Il avait une personnalité vraiment extraordinaire. C'est bien simple, on peut dire qu'il était bon en tout. Il n'avait qu'un petit défaut : il était chahuteur.* Et plus loin, revenant sur son idée, l'embellissant peut-être, s'enivrant doucement de la formule : *un grand chahuteur devant l'Eternel*, que le frère Abin, le surveillant général, tout en l'aimant bien, redoutait parce que, dit-il, il lui donnait beaucoup de fil à retordre. Le même Michel se félicitant, après une distribution où tous deux à la fin de leur année avaient remporté le prix d'excellence, que le dissipé, de deux ans son cadet, lui confie en aparté – et il semble que nous entendions la voix de notre camarade Joseph, à travers laquelle se dévoilent sa coutumière prévenance et son sens de l'amitié : *Tu vois, Michel, nous sommes deux de Campbon, qui sommes tous deux les premiers.*

Or, si la mémoire de Michel n'a pas failli, si l'on retient que la première rentrée à Notre-Dame de l'Abbaye de Chantenay eut lieu en septembre 1934, cela signifie que le grand chahuteur avait douze ans. Et treize, au moment où il tient de tels propos. Et que c'est le même petit garçon poussé trop vite, puisque c'est à cette époque qu'il entreprit de dépasser tout le monde d'une tête, qui, au départ de la gare de Savenay, au moment d'embarquer dans le train pour Nantes – et ce pour une période de deux mois jusqu'aux prochaines vacances –, passait la tête par la fenêtre du wagon et, comme un aboyeur à l'attention des gens massés sur le quai, les mains en porte-voix, hurlait : *Savenay, cinq minutes d'arrêt, buffet, cabinet, les voyageurs sans tickets passez au guichet.* Le grand petit bonhomme aux lunettes cerclées d'or faisant crouler de rire la gare entière.

Et c'est le même que, deux ans plus tard, études terminées, diplôme en poche, on – c'est-à-dire le sort réservé aux jeunes gens des campagnes avant guerre – installait derrière le comptoir du magasin de vaisselles de ses parents. Même si l'affaire était relativement prospère (Michel note avec envie que le fils du grossiste, outre ses lunettes à monture dorée, avait de beaux pyjamas, quand lui devait se contenter de vieilles chemises de nuit et portait des pantalons qui lui montaient au-dessus des chevilles), il est des perspectives plus enthousiasmantes pour un garçon plein de fantaisie et d'allant. C'est tôt pour renoncer à ses rêves d'adolescent, et il n'était pas le seul. Parmi ceux qui l'accompagnaient à Chantenay, le fils du boulanger regagne le fournil, le fils du maçon apprend à manier la truelle, quant à Michel, entre le petit hôtel de campagne tenu par son père et la charcuterie que dirigeait sa mère, le travail ne manquait sans doute pas. Alors dans ce contexte on peut penser que la guerre, pour certains qui n'avaient pas eu leur content de jeunesse, ce fut, oui, avec les réserves d'usage, une aubaine.

D'ailleurs la seconde rencontre entre Joseph et Michel a lieu après la fin des hostilités, à l'occasion d'une réunion des anciens de Notre-Dame de l'Abbaye de Chantenay. C'est Joseph qui propose à son camarade retrouvé, venu en train de Saint-Nazaire, de le ramener en voiture pour lui éviter de quitter trop tôt ses ex-condisciples. La distance alors n'était pas mince entre les deux principales villes de Loire-Inférieure, et pas seulement en raison de la faible puissance de la voiture de Joseph, une Juva-4 d'occasion, pour laquelle il avait négocié l'acquisition d'un train de pneus contre des lunettes de tankiste. La nationale à deux voies, étroite, au revêtement incertain, progressant entre deux rangées d'arbres, traversait tous les bourgs qu'elle rencontrait sur sa route, Sautron, Saint-Etienne-de-Montluc, Le Temple, Savenay, Montoir de Bretagne, dont certains étaient renommés pour leur capacité à provoquer des bouchons, pour lesquels il n'était besoin que d'un camion garé sur le bas-côté, d'une charrette chargée de foin peinant à regagner sa ferme, ou d'un simple rétrécissement de la voie. De sorte qu'il était difficile de prévoir la durée du voyage, ce qui autorisait les deux compères à s'arrêter sur le chemin du retour pour suivre une compétition de motocross à la sortie de Nantes. Ce genre d'initiative impromptue, dont il ne rendait pas toujours compte à son épouse, laquelle appréciait modérément les manifestations d'indépendance de son homme (nous savons qu'il lui cachait les visites qu'il rendait à chacun de ses passages à Nantes à son vieux camarade Michel Cristophe), ces décisions prises sur un coup de tête, c'était tout lui. On se souvient qu'un lundi de Pentecôte autour de huit heures du soir il décida brutalement d'emmener toute la famille, oncle, tante et cousins à Brest, et hop tout le monde en voiture, direction la pointe de la Bretagne. Son côté enfant gâté, peut-être, ou plutôt la conscience d'être un miraculé, c'est-à-dire la conscience de l'extraordinaire fragilité de la vie, de sa fugacité, car il insistait beaucoup sur le fait qu'on ne pouvait pas le traiter de fils unique, qu'il eût été le dernier d'une famille nombreuse si ses frères et sœurs n'avaient manifesté dès la naissance une sorte d'aversion pour la vie, qu'ils quittaient au moment de la découvrir. Mais, concernant cet arrêt à la sortie de Nantes, ce n'était certes pas pour la moto qui n'était pas une passion, simplement le reflet de sa curiosité, de son goût pour le spectacle et la possibilité de rencontres imprévues qui se scellent à la buvette en choquant plusieurs verres.

Mais ce long tête-à-tête jusqu'à Saint-Nazaire, le long de l'estuaire, leur laissait tout loisir, à Michel et Joseph, d'évoquer leurs souvenirs chantenaisiens, de se raconter l'un l'autre, et sans doute avec d'autant moins de retenue qu'ils n'étaient pas familiers – de même qu'on se confie plus aisément à un étranger de passage –, et qu'ils savaient qu'ils ne se reverraient pas de sitôt. Grâce à quoi, cet entretien couvert par le bruit du moteur de la Juva-4, nous apprenons la vraie version de l'évasion de Joseph, après que, sommé comme tous les jeunes gens nés entre le 1er janvier 1920 et le 31 décembre 1922 de partir deux ans en Allemagne pour le service du travail obligatoire, son sens inné de l'indiscipline – et sans doute aussi de la droiture – le poussait à passer outre en organisant lui-même son faux départ, grâce au soutien de la résistance locale avec laquelle il était au moins en contact, s'il n'y appartenait déjà. Sa fausse sortie, il a pris soin de l'organiser afin de ne pas mettre en péril sa tante Marie, laquelle devant le notaire de la commune (un sympathisant notoire de l'occupant, comme si Joseph avait raffiné sa mise en scène) il institue pour sa mandataire spéciale le 16 mars 1943, soit quinze jours après avoir reçu son certificat de recensement, lui annonçant qu'il satisfaisait aux obligations de la loi du 16 février 1943, relative au STO. C'est ainsi qu'il se retrouve avec ses camarades d'infortune (Joseph étant le soixante-sixième de la liste, pour la seule commune de Campbon, on peut donc penser qu'ils étaient plus d'une centaine) à attendre le train en partance pour l'Allemagne. Michel à cette occasion se montre surpris que son fils (celui de Joseph) – ce qui apporte de l'eau à notre moulin, quant au crédit que l'on peut donner au portrait qu'il fit de son père – ait situé la scène de l'évasion à Nantes, quand il s'agissait en réalité de la gare de Savenay où logiquement s'était arrêté le train du STO afin d'y embarquer les obligés du canton. Ce qui, de fait, diminuait les risques du candidat à l'évasion, les alentours étant moins surveillés, qu'il connaissait en outre comme sa poche. Sur les quais, les Allemands montaient la garde et, pour ceux qui n'ont pas connu cette période, c'était un étrange spectacle, triste et humiliant, que ces hommes verts partout, secondés par leurs supplétifs zélés recrutés sur place, se mêlant de tout, nous rendant suspects de tout, vociférant, gesticulant, et nous, baissant la tête comme des petits enfants tremblants redoutant de se faire interroger par le maître. On oublie la somme de courage que cela nécessitait pour enfreindre la loi des plus forts, s'opposer au canon de leurs armes, à leur arbitraire, quand ceux-là estimaient, que n'étouffait pas la considération pour les faibles et les perdants, que leur traversée éclair du pays leur donnait une espèce de droit du sol. Il faut donc imaginer la gare de Savenay, comme toutes ces petites gares paisibles de la troisième République qui furent les témoins complices des plus tragiques départs, transformée en prison de transit pour des centaines de jeunes gens entassés sur le quai, musette en bandoulière et valise de carton bouilli au pied, que des ferrures fragiles contraignaient à ceinturer d'une ficelle. A présent c'est Michel qui parle, sur la foi de ce que lui a confié son dévoué pilote sur la route entre Nantes et Saint-Nazaire, trois ou quatre ans après les faits :

Puis il est monté dans un train qui attendait là et est redescendu de l'autre côté. Il n'est pas allé jusqu'à Nantes, il est descendu en gare de Savenay. En face, non loin de là, le long d'une ganivelle, fourni par des cheminots mais sur ordre à l'origine d'un ami résistant, Dolivette, de Campbon, il y avait un vélo en bon état. Puis il m'a raconté :

« – J'ai sauté sur le vélo, je regardais toujours derrière,

j'avais peur que les Allemands me poursuivent. J'ai pédalé, pédalé... »

Je sais qu'il avait du fond à l'époque, dans les courses de fond il gagnait à l'Abbaye. Il avait donc pédalé :

« *– Je me suis arrêté quand je n'en pouvais plus, j'ai peut-être fait trente kilomètres comme ça dans la direction du nord de Nantes, où l'on m'attendait dans une ferme.* »

On se met à sa place, même si, à sa place, ils ne sont pas si nombreux à avoir eu le courage de s'y mettre. Peut-être Michel l'a-t-il oublié dans son récit mais, avant de trouver la sortie de secours il fit une première tentative qui manqua mal tourner, se laissant d'abord glisser sur le ballast, sous le prétexte de récupérer un mégot, avec l'intention de se faufiler sous un wagon, mais le canon d'une mitraillette accompagné d'un ordre brutal le remit prestement à sa place. D'autres en seraient restés là, estimant en être quittes pour quelques sueurs froides. Pas lui. On sait qu'après sa fuite éperdue, épuisé par son sprint de trente kilomètres – et sitôt quitté la gare de Savenay la pente est rude qui escalade les coteaux de Loire –, il s'allongea à bout de souffle dans un pré, à l'abri des haies, le vélo jeté à ses côtés. On pourrait presque se passer le film de ses pensées tandis que, les bras en croix, le regard absorbé par le défilé des nuages dans le ciel mouvant de l'Atlantique, il profite de ses premiers moments de liberté pour sursauter à la moindre rumeur motorisée. Il est orphelin, a tout juste vingt et un ans et devant lui une vie de fugitif qu'il devra, si tout se passe au mieux, mener jusqu'à la fin de la guerre que rien pour l'heure n'annonce prochaine. Dans le cas contraire, il connaîtra le sort que l'on réserve à ceux-là, traqués, à la merci d'un regard de travers. Dolivette, l'ami qui a organisé l'évasion, sera d'ailleurs arrêté quelques mois plus tard, quasiment sous les yeux de Joseph, avec lequel il était convenu d'un rendez-vous clandestin. Embarqué dans une voiture de la Gestapo, conduit au siège de la Kommandantur, torturé, on peut augurer qu'il tint sa parole, ce qui lui valut de mourir sans laisser de trace. Joseph, quand il évoquait cet épisode tragique, s'est souvent demandé ce qu'il serait advenu s'il était arrivé plus tôt à leur rendez-vous, mais vraisemblablement son empressement n'eût pas suffi à sauver son malheureux ami – était-ce le résultat d'une filature ? d'une dénonciation ? – dont il eût tout simplement partagé le sort. D'ailleurs il reconnaissait lui-même avoir eu beaucoup de chance, et pas seulement à cette occasion. Il appartenait au maquis de la forêt de Saffré quand celui-ci fut anéanti par les troupes allemandes auxquelles s'étaient joints des miliciens nantais, un des épisodes les plus violents de la guerre dans cette région, et si on ne le compte pas parmi les trois cent cinquante jeunes gens qui se battirent à un contre dix et dont un tiers payèrent de leur vie, c'est qu'en sa qualité d'agent de liaison, il venait de les quitter pour porter un message au fameux colonel Rémi, peut-être au maquis de Saint-Marcel. Sans oublier l'histoire de la moto, pilotée par son futur beau-frère, avec laquelle les deux amis franchirent un barrage établi sur la route de Bouvron au carrefour de la Chaussée, et sans le sang-froid de Jean Gautier qui feint d'obtempérer à l'ordre des soldats avant de remettre brutalement les gaz, ils seraient morts tous les deux criblés de balles, l'impétueux Joseph, un pistolet en chaque main, ayant d'abord proposé de passer en force en faisant un carton sur les uniformes verts.

Quant à la ferme où il trouva refuge pendant quelques mois, qui lui servit de repli entre ses activités de résistant, ce qui correspondait aussi à son caractère où se mêlait le goût de la camaraderie et un désir d'indépendance, les deux résultant de son statut de fils unique, elle se situait au lieu-dit Le Tramier sur les terres du comte de Durfort. Bien isolée au cœur d'une campagne où domine la forêt, elle offrait au jeune homme recherché, non seulement un abri sûr, mais un de ces lieux, loin des rumeurs du monde, favorable à la réflexion, cette horrible et vaste solitude qu'évoque le désert cistercien, où l'orphelin va-t-en guerre, trop tôt converti en commerçant, eut sans doute l'occasion, tout en participant aux travaux agricoles, de faire le point sur sa vie et ce qu'il en attendait. Les bâtiments sont depuis longtemps à l'abandon, mangés par le lierre et les ronciers, et il ne reste malheureusement plus de témoins directs de cette période. Blanche, la fille des fermiers, qui évoquait volontiers ce moment de sa vie, vient de décéder. Mais on ne sera pas surpris d'apprendre que, comme partout où il est passé, il y a laissé le souvenir d'un garçon enjoué, entraînant, ne rechignant pas à la tâche – il accomplit le cycle complet des travaux de la ferme –, et occupant ses heures de loisirs à la lecture, ce qui fut à l'origine d'une frayeur du fermier, monsieur Mulvet, quand un visiteur, peut-être même monsieur le comte, s'étonna de découvrir sur la table de la cuisine un livre qui trahissait la présence insolite en ces murs d'un lettré. L'homme ne dit rien, se contenta de prendre l'ouvrage, de le feuilleter en connaisseur et, d'une petite moue approbative, parut féliciter le fermier pour ses goûts littéraires. Son fils – le fils de Joseph – affirme qu'il s'agissait d'un roman de Balzac, d'où tient-il l'information ? Quand on sait que le même raconte que le soir de la mort de son père il lisait *Le Colonel Chabert*, c'est-à-dire un autre roman du même, on se demande s'il n'a pas cherché un effet de rime ou d'annonce, voire à s'identifier au disparu. Mais une chose est sûre, suite à cet avertissement sans frais, notre camouflé s'appliqua à faire preuve de plus de prudence, ce qui était loin d'être l'apanage des jeunes gens dans sa situation dont beaucoup se vantaient, après quelques verres, de faire le coup de main contre l'occupant. Dolivet et les autres, leur arrestation relève peut-être davantage de ce genre de maladresse que de la malveillance.

Souvenir aussi d'un garçon amoureux. A ce propos, l'ami Michel livre une étonnante confidence que lui aurait faite Joseph au cours de leur périple entre Nantes et Saint-Nazaire. Son père, sur son lit de mort, lui aurait en effet fait promettre de ne pas se marier avec une telle. *Je ne citerai pas qui c'est*, précise Michel, qui entend honorer la confiance que par cette confidence son ancien condisciple de Chantenay avait placée en lui. Mais une telle, pour nous qui avons connu notre camarade pendant cette période, nous n'avons pas de doute sur l'identité de la belle, ce qui n'est pas un qualificatif usurpé, car belle, elle l'était, et charmante, et Joseph de fait en était amoureux. Tout le pays les avait par avance mariés, qui était d'avis qu'ensemble ils formaient ce qu'on appelle un beau couple. Et c'est de son officieuse fiancée que Joseph, caché au Tramier, attendait fébrilement les lettres que lui apportait Dédette, la petite sœur délurée d'Annick, laquelle Dédette essayait de trouver des mots de consolation quand elle le voyait attristé de ne pas identifier au premier coup d'œil parmi le courrier la chère écriture. Mais c'est bien la preuve qu'il n'avait pas cherché à respecter l'ultime volonté de son père, mort dans ses bras, trois ans plus tôt, considérant sans doute que cette exigence paternelle dépassait les bornes et que, s'il faut laisser les morts enterrer les morts, ceux-là en retour n'ont pas à se mêler des affaires des vivants. Signe qu'il tenait à son amour, qu'il ne voyait pas de bonne raison, hors l'usure de ses sentiments, de ne pas faire sa vie avec elle, et que donc les propos du moribond n'engageaient que lui, même si l'on peut imaginer les tourments du fils passant outre à l'oukase du disparu, sa crainte que l'ombre du père ne revienne hanter ses nuits et lui demander les comptes de son apostasie.

Son officieuse fiancée, il l'avait rencontrée au mariage de son cousin Emile, et peut-être a-t-elle pesé dans son choix à haut risque de boycotter le STO. S'il est abusif de réduire son évasion de la gare de Savenay à une escapade amoureuse, il est certain qu'il n'avait pas envie de mettre tout ce temps et tous ces kilomètres entre elle et lui. Sentiments partagés, car si nous l'avons vu, lui, notre ami héroïque, désespéré de ne pas recevoir de ses nouvelles, il faut savoir que de l'autre côté sa belle amie aussi se lamentait. La guerre ne fut pas tendre pour les amants. Mais on s'étonne de cet acharnement du père jusque sur son lit d'agonisant. Qu'est-ce qu'elle lui avait fait, sa présupposée belle-fille ? Redoutait-il qu'en prenant derrière le comptoir du magasin la suite de sa chère épouse décédée un an plus tôt, elle ne ruine l'œuvre de sa vie ? Car Pierre n'a pas laissé le souvenir d'un de ces chefs de famille tyrannisant ses proches. Impulsif sans doute, mais bon cœur. On se souvient de lui livrant une pile d'assiettes à un épicier de Quilly, un bourg voisin, quand, à demi déséquilibré par un chien, de rage il lança une de ses assiettes en sa direction, laquelle plana comme une soucoupe volante avant de rebondir sur le dos de l'animal et de ricocher sans dommage sur la chaussée. Et que fit le négociant en gros et demi-gros ? Sans se démonter, il ramassa l'assiette intacte et commenta sobrement à l'intention de l'enfant qui avait assisté à la scène : *c'est du solide, ma vaisselle, hein, petit ?* avant de lui demander un coup de main, contre lequel il lui offrit une statuette en céramique de saint Joseph qu'un demi siècle plus tard le petit garçon plus tout jeune avait toujours sur sa commode. Autre exemple qui ne dénote pas le caractère d'un despote : quand il allait rendre visite à son fils retenu le dimanche, à l'Abbaye de Notre-Dame, à Chantenay, c'est lui qui faisait un esclandre, s'indignant auprès de la direction des sanctions qu'on infligeait au collégien et qui les empêchaient de se voir ailleurs qu'au parloir, quand il eût pu reprocher à son fils son indiscipline et approuver ses maîtres pour leur fermeté. D'où l'on s'étonne de cette exigence ultime de l'agonisant. Où était-ce pour complaire à cette femme qui tenait la maison après la mort de son épouse et détestait cette belle fille pleine de vie ? De toute manière, plus efficace que les injonctions du père et la haine de la marâtre, c'est en quelque sorte son négatif, c'est-à-dire la petite Annick, qui l'a emporté.

IV

Mais à présent nous y sommes. Car, c'était cela, d'abord, la nouveauté de la mort, ce 25 juin 1996, sur les coups de neuf heures du soir, dans une chambre nue du centre hospitalier de Nantes : après trente-trois ans de séparation, la petite Annick retrouvait son grand Joseph. On avait perdu l'habitude de les imaginer ensemble, cela remontait à si loin qu'il fallait tomber sur une photo ancienne datant de la première année de leur mariage pour les retrouver au bras l'un de l'autre. Deux photos, en fait, que dans mon souvenir j'avais jumelées, superposées, et c'est en toute bonne foi que je les décrivais, nos beaux parents, marchant sur une petite route de campagne et souriant au photographe, quand sur la première, s'il s'agit bien d'une petite route de campagne – à proximité d'une ferme dont on aperçoit un corps de bâtiment, un hangar destiné sans doute à abriter les foins, puisque, placée devant, cette masse imprécise, ce doit être une meule, et d'ailleurs le chemin porte l'empreinte de deux traces parallèles de roues de charrette –, ils sont pris de trop loin pour lire l'expression de leurs visages, d'ailleurs la mise au point de l'appareil est ratée, qui confère un aspect brumeux à la photographie, le responsable étant dénoncé par cette ombre sur la route qui remonte sur le manteau gris du jeune homme, ce qui nous permet de déduire que ce photographe vraiment amateur portait un chapeau, grand-père, peut-être, ou monsieur Pineau, son ami journaliste et fondateur de *La Revue des tabacs*, tous deux toujours chapeautés, et d'après maman, dont la nostalgie n'était pas la spécialité, la seconde, où on les voit traverser un village avec élégance, aurait été prise à La Plaine, berceau de la famille de sa mère, petite cité du littoral qui a rajouté Sur-Mer à sa toponymie pour attirer les touristes – et les maisons basses à toit de tuile plaideraient de toute façon pour une commune du sud de la Loire – ou Doué-la-Fontaine peut-être, où résidait son cousin Jean dit JeanDu, mais il lui semblait que c'était plutôt après qu'avant leur mariage. Et tant mieux si c'est après car, sur la première photo, ils sont un peu empruntés, fiancés timides, au lieu que sur la seconde le bonheur évident affiché par leurs deux sourires jumeaux, leurs pas décidés, paraissent bien augurer de leur nouvelle vie commune. Mais, en fait, l'oncle Paul se montre catégorique : il s'agit de Saint-Laurent-sur-Sèvre, où habitait le même JeanDu avant son mariage, et où prit fin, en 1716, la carrière itinérante et apostolique du très redouté père de Montfort.

Sur ce qui s'est passé ensuite, et qui sans doute contribua à déposer une pluie de cendres sur ce bonheur du jour, nous le savons : un premier enfant mort du choléra, par la négligence d'un directeur de maternité qui avait tenté de camoufler l'épidémie dans son établissement nantais avant de se résigner à sa fermeture, mais trop tard pour le petit Pierre et quelques autres, – et sur l'agonie du petit Pierre et le chagrin à rebonds des parents, nous avons ce témoignage d'Alfred, le grand-père éphémère, qui sur une carte postale, illustrée d'une photographie de la cathédrale Notre-Dame de Fourvière, vue de l'abside, annonce la bonne nouvelle à sa fille Annick et à son gendre, savoir que par le pouvoir de la prière lui, Alfred le pieux, peut obtenir des miracles de ceux à qui il demande d'intervenir : *Lyon, jeudi 15 h, ma petite Annick, mon cher Joseph, je viens de téléphoner à JeanDu, votre petit Pierre serait sauvé. Vous ne saurez jamais ma peine, mardi soir, en apprenant l'aggravation de votre petit gars. Seul dans ma chambre, plein de tristesse, j'ai pris la photo de la petite sainte Thérèse que j'ai toujours dans mon portefeuille. J'ai aussi la photo d'Annick en communiante et en petite fille. Regardant les deux photos j'ai supplié Thérèse d'éviter la peine de la mère en sauvant son enfant. Dans une prière, ardente et de tout mon cœur, j'ai adjuré la petite sainte de faire un miracle et de jeter encore sur vous un pétale des roses qu'elle a promises au monde. Elle m'a exaucé.*

Qu'elle soit à jamais glorifiée. Mes chers enfants, de toute mon affection, et plein d'émotion, je vous dis à bientôt. Votre papa A. Br., mais en fait le miracle avait été ponctuel, le temps d'une courte rémission, puisque, quand la carte arriva, le petit Pierre n'était plus, et arriva trop tard aussi une lettre de remerciements accompagnée d'une image pieuse représentant une vierge médiévale de la Côte d'or, au style presque aussi archaïque que le masque de sainte Foy à Conques, sous le nom de laquelle un scribe anonyme, préposé aux indulgences, a rajouté : *Protégez votre petit Pierre*, après que notre papa, sans doute au désespoir, lui qui redoutait de reproduire la série macabre des enfants mort-nés, à laquelle seul, ce qui lui valait son statut de fils unique, il avait échappé, eut envoyé des dons à l'orphelinat de Notre-Dame de Domois, comme si, orphelin lui-même, il se sentait débiteur, en dette d'on ne sait quel chagrin, pour qu'elle lui accorde la guérison de son premier nouveau-né, mais en dépit d'une lettre de remerciements du directeur, s'ouvrant par un pontifiant *Cher Bienfaiteur*, la vierge de Bourgogne ne fit pas mieux que la petite sainte de Lisieux – puis trois enfants à suivre, et au milieu de la série un embryon de bébé qui manqua de provoquer la mort de notre génitrice, le tout sur fond de difficultés financières obligeant notre père à des démarches sans doute humiliantes pour emprunter de l'argent auprès d'amis et autres (procédé qu'il inaugura très tôt, ce qui l'obligea jusqu'à la fin à une incessante course-poursuite entre emprunts et remboursements, puisque c'est de la sorte qu'il finança le voyage de noces sur la côte d'Azur qu'il offrit à sa jeune épouse), ce qui lui valait de recevoir chaque année les vœux d'un abbé prêteur qui profitait de l'occasion pour lui réclamer la somme due sous le prétexte du toit de son église à réparer ou d'un confessionnal à insonoriser, de sorte qu'il lui fallut bientôt trouver une autre solution, et celle qui s'imposa fut de quitter le magasin de gros hérité de son père et de partir sur les routes, comme un colporteur, se faire représentant, ou voyageur comme on disait alors, d'abord en tableaux pédagogiques à l'intention des écoles libres, un marché inédit que convoitait la très laïque Maison des Instituteurs, laquelle, précision communiquée par son ancien directeur un peu courroucé par la version que j'en avais donnée – représentation sur l'une des planches consacrées à l'Ancien Testament d'un Moïse au faux air de Karl Marx brandissant les tables de la Loi comme un Manifeste –, n'était pas d'obédience communiste, mais il eût fallu aussi lui expliquer que, vus d'une institution catholique, tous les instituteurs de la république étaient rouges, et donc pourfendeurs de la religion, qu'à Campbon, par exemple, la communale comptait cinq enfants martyrs tandis que les deux écoles, dites libres, des frères et des sœurs, regroupant séparément les garçons et les filles des familles bien-pensantes, affichaient quatre cents ou cinq cents élèves, et que les dites familles bien-pensantes entreprirent de boycotter le médecin nouvellement installé dans le pays parce que celui-là avait inscrit son fils à l'école du diable, mettant leur menace à exécution, de sorte qu'il eût été poussé à partir sans l'intervention de notre père, et d'imaginer ce juste seul contre la foule déchaînée prenant la défense de celui qui avait sauvé sa femme et l'un de ses enfants, retournant par ses arguments et son impeccable présence l'assemblée, ce qui n'était pas un mince exploit car c'était cette même foule, quinze cents personnes massées aux abords de l'église chantant des cantiques, armées de cierges et de gourdins qui, cinquante ans plus tôt, avait empêché le percepteur du lieu, monsieur Musereau, de procéder aux inventaires imposés par la séparation de l'Eglise et de l'Etat, l'obligeant à rebrousser chemin, et lui, face à cette même foule, obtenant que la salle d'attente du bon docteur soit le lendemain à nouveau remplie, pensez comme nous sommes heureux et fiers d'être les enfants de cet homme-là, et ensuite, retrouvant, après l'intermède pédagogique qui l'éloignait des semaines de sa famille (et son aire de maraude, c'était toute la France et la Belgique francophone, ses carnets de commande permettant de le suivre à la trace de Versailles au Touquet, de Tarbes à Lille, de Limoges à Tournai, de Coutances à Arcachon, quadrillant systématiquement chaque département à l'affût de la moindre école religieuse dont un bon quart d'entre elles s'appellent Sainte-Thérèse), sa branche d'excellence et un territoire plus petit, savoir la vaisselle et la Bretagne, cette fois au profit d'un grossiste de Quimper, la maison ECMO, qui a disparu aujourd'hui, non seulement la société, mais ses entrepôts installés dans un ancien moulin à eau, qu'il nous avait emmenés visiter, souvenir d'un haut bâtiment de trois étages en bordure d'une rivière, comme celui de Charleville sur la Meuse en face de la maison de Rimbaud, avec des planchers à claire-voie qui donnaient le vertige, mais rasé maintenant, remplacé par un petit immeuble coquet à deux étages, plein de bonnes intentions, c'est-à-dire qui s'applique par de petits balcons ouvragés et la modestie de ses ambitions à faire oublier les barres de béton, et même le cours d'eau qui poussait les pales de la grande roue a été en partie comblé, ou détourné, et enfin cet espoir, comme le bout du tunnel, de travailler avec un fidèle ami angevin, et cette perspective plus ou moins proche d'un retour au pays à la direction de ce que nous appelions l'hôpital, qui recueillait quelques simples et des vieillards souvent alcooliques, mais dont nous tirions fierté car c'était la seule construction moderne de la commune, au point qu'elle illustre une carte postale vantant les mérites de Campbon, un bâtiment blanc de deux étages, au troisième mansardé, au toit à quatre pans, sur la façade duquel, au-dessus de l'auvent qui protège l'entrée principale de la pluie on lit effectivement : *Hôpital St Martin*, même si en réalité il s'agissait plutôt d'un hospice, mais projets brutalement interrompus, un lendemain de Noël 1963, par la faillite du héros.

Le temps pour les vies procède comme pour les tableaux, les recouvrant d'une pellicule terne qui fait douter de l'éclat de leur jeunesse. Il nous faut nous livrer à un patient travail de restauration si nous voulons retrouver les fraîches couleurs qui s'offraient au premier regard. Elles étaient là, sous nos yeux, derrière ces fines couches alluvionnaires, dépôts d'épreuves et débris d'illusions, accumulées au fil des ans, mais on s'était habitué à ne plus les voir, trop dérangeantes peut-être, comme un souvenir violent de bonheur dans la grisaille des jours. Alors ces deux-là, si beaux, si élégants, qui souriaient à la vie en traversant la Plaine-sur-Mer, qu'ont-ils fait en chemin de cet amour-là qui avait mis fin par la plus douce des signatures à cinq ans de guerre ? Certains, redoutant peut-être que les choses aient mal tourné pour le beau couple, ou qu'on leur ait caché la vérité, s'en sont quelquefois étonnés, faisant remarquer que dans ces livres qui honorent leur mémoire on ne les voyait jamais ensemble, mes parents, comme si cet escamotage pudique dissimulait la blessure secrète d'une mésentente, d'un fiasco amoureux, et c'est vrai que les maigres souvenirs que nous en avons ne les poussent pas dans les bras l'un de l'autre. Mais, avant toute spéculation hâtive, rappelons que jusqu'à dix ou onze ans la mémoire ne retient que peu de choses, sinon ce qui est source de chagrin, et que dans ces mêmes années, avant d'être de passage sur terre, notre voyageur de commerce, du fait de son métier itinérant, n'était que de passage à la maison. Principalement les dimanches, où fatigué par les tournées il attendait du jour du repos d'abord du repos, c'est-à-dire qu'on ne réclame pas une balade en voiture, qu'on évite les jeux bruyants et les cris, et qu'on ne l'excède pas avec nos histoires, se réservant un dialogue en tête à tête avec notre mère, comme une séance de rattrapage où ils tentaient de raccorder leurs soliloques de la semaine, de sorte qu'il n'était pas recommandé, en cours de repas, d'interrompre leur conversation, n'était-ce que pour demander la permission de glisser un mot. Ce qui laisse peu d'images, et le souvenir d'une certaine distance, d'un contact un peu difficile, intimidant, qui n'est peut-être pas entièrement de son fait. Ces longues coupures de six jours rendaient sans doute délicates les retrouvailles. Comme un père divorcé qui ne voit ses enfants qu'épisodiquement et perd peu à peu le fil de leur amour à force d'être tenu à l'écart, ne connaissant d'eux que des bouts de vie en pointillé dont il peine de plus en plus à reconstituer l'entre-deux, jusqu'à ne plus rien comprendre à cette histoire qui se vit sans lui et à laquelle il se sent devenir étranger. Et puis les enfants aussi peuvent être intimidants. Qu'on ne sait par quel biais aborder. On fait un pas dans leur direction et d'un regard ils vous signalent que vous empiétez sur leur territoire, que l'enfance, on n'y entre pas comme dans un moulin. Pas commode de trouver une attitude en face de celui-là, le supposé tout-petit, qui vous interroge ainsi du regard. On demeure paralysé. On n'ose pas. On reste à l'extérieur de ce périmètre enchanté avec ses rituels particuliers. Il essayait pourtant, ce père, intimidé, intimidant. Souvenir de travaux d'approche. Un soir, à l'heure du coucher, dans son pyjama à rayures bleu et blanc, mais aux couleurs passées se rejoignant l'une l'autre, s'allongeant sur l'édredon de plumes, qui du coup sous la masse du colosse gonfle exagérément sur ses bords. Mais qu'est-ce qu'il me veut, cet homme que d'ordinaire je crains ? Trop de blancs entre nous, qui ne se comblent pas par une invitation à parler, à échanger comme de vieux copains au moment des retrouvailles. Eût été un formidable père pour les années à venir. Sans doute plus à son aise dans une relation amicale qui lui permettait un dosage subtil entre sa culture de la camaraderie et sa grande rigueur, laquelle décourageait tout excès de familiarité. Le manque de ce père, plus tard : à crier secrètement de douleur.

Et puis, concernant les manifestations de tendresse, qu'on se rappelle aussi que nous évoluons en Loire-Inférieure, où les pratiques amoureuses sont sévèrement réglementées par l'Eglise, et qui plus est – ce qu'illustre le récit du docteur menacé d'expulsion –, dans un de ces bastions contre-révolutionnaires, à la morale austère, renfrognée, qui place ses troupes, pour une peccadille, une pensée impure ou un regard déplacé, sous la menace permanente d'un châtiment infernal à perpétuité, où l'on honorait encore la mémoire des prêtres réfractaires, ainsi dénommés pour avoir refusé de prêter serment à la constitution civile du clergé de juillet 1790, et que la campagne complice avait dissimulés entre ses piles de drap dans ses armoires et au cœur de ses meules de foin que les soldats prenaient un malin plaisir à transpercer de leurs baïonnettes. Peut-être le pays vivait-il encore sous le choc du massacre de l'armée vendéenne par les troupes envoyées en catastrophe par la Convention pour éteindre coûte que coûte, et au diable les moyens, l'incendie blanc qui couvait à l'ouest, les restes de la jacquerie paysanne, après avoir traversé la Loire et s'être fait étriper à Savenay, venant mourir chez nous, à deux pas, avec femmes et enfants, passés à l'arme blanche, sur la butte de Sem. Ce qui explique sans doute pourquoi, soixante-dix ans plus tard, le pays se singularisait par l'envoi massif de zouaves pontificaux pour la défense du Vatican, après que Garibaldi, autre incarnation du caractère satanique révolutionnaire, dévoilant au grand jour son véritable dessein, eut envisagé de s'emparer des quelques arpents romains sur lesquels règne l'héritier, en ligne indirecte, de saint Pierre. Des paysans volontaires, endoctrinés par les hussards noirs de l'Eglise, à qui l'on prêcha une nouvelle croisade, un nouveau territoire sacré à protéger des forces du mal, le déguisement carnavalesque s'inspirant curieusement de la tenue des infidèles, de ceux-là mêmes contre lesquels on avait mobilisé les chevaliers et les gueux d'Occident pour leur reprendre des mains le tombeau du Christ, mais vraiment un uniforme de grand mamamouchi, pantalon bouffant (non pas rouge mais gris de fer, ce qui allait mieux à nos mœurs rigoristes), petit gilet brodé et, au lieu de la chéchia, le képi français réglementaire, version père Bugeaud, car enfin l'expression *faire le zouave* sert rarement à rendre compte d'un acte de bravoure. Mais ainsi costumés (la culotte bouffante n'étant pas sans parenté avec le pantalon des Chouans), métamorphosés, ils partirent, nos paysans campbonnais, virent du pays, Rome, peut-être, et revinrent, après avoir livré bataille, sous les ordres d'un inévitable baron de Charrette, à Monte Libretti, à la suite de quoi le diable rouge, impressionné par la *furia francese*, s'était retiré, concédant à l'héritier son pré carré pontifical. Restait à nos héros la gloire de s'être mobilisés plus nombreux que dans aucune commune de France, plus qu'à Paris, qui n'entendit sans doute jamais parler de nos croisés, plus qu'à Nantes, qui d'ailleurs fut républicaine pendant la Révolution, plus qu'à Lourdes, où l'on était sans doute trop occupé par les apparitions mariales, plus même qu'à Savenay, notre voisine, mais qui n'avait peut-être pas besoin de cette surenchère, étant par la victoire sur ses terres des Bleus sur les Blancs déjà entrée dans l'histoire (on montrait encore, quand nous étions enfants, le champ vallonné où avait eu lieu l'affrontement, en prélude à la débandade des Vendéens). Mais cet épisode digne de la croisade des enfants inspira à un abbé Alcide Bernard, professeur au petit séminaire de Guérande, institution qui ratissait tous les fils pauvres forts en thème de la région, une *pièce inédite à grand spectacle* intitulée : *La sublime histoire des Zouaves pontificaux*, ainsi présentée : *drame historique en un prologue, cinq actes et douze tableaux,* lequel met en scène, dans une version édifiante où le recours à la prière constitue l'arme absolue contre les ennemis de la chrétienté, nos volontaires papistes.

On ne sache pas que l'œuvre ait été publiée – le texte disponible, retrouvé dans la bibliothèque du petit bureau où dominent les livres de la collection Nelson, passé jusque-là inaperçu tant avec sa couverture de papier d'emballage usagé il ressemblait à un très vieux cahier d'écolier, est manuscrit, ronéotypé, et se présente sous la forme d'un petit fascicule de cinquante-huit pages reliées à la pliure par un fil après qu'une tentative d'agrafage eut visiblement échoué en laissant deux trous –, en revanche elle fut jouée *pour la première fois,* donc en première mondiale, les 16, 20, 23 et 30 avril 1939, à l'occasion de l'inauguration de la salle paroissiale dite « Salle du Souvenir des Zouaves Pontificaux Campbonnais », ce qui laisse entendre qu'elle fut reprise dans les villages avoisinants, voire à Nantes, la musique de scène ayant été composée par l'abbé Courtonne, organiste du grand orgue de la cathédrale Saint-Pierre, ce qui suggère que ce projet théâtral bénéficiait de hauts appuis, ce dont témoigne également l'imprimatur accordé par le vicaire général de Nantes, Joseph Guiho. Mais cette commémoration de la levée en masse de nos vaillants Campbonnais pour la défense des Etats pontificaux marque l'entrée de notre commune rurale en littérature. Noms de villages et patronymes sont bien d'ici. On y voit un fils, François, âgé de dix-sept ans, annoncer à ses parents, dits le père et la mère Briand, qu'il va s'enrôler dans les nouvelles légions de la foi pour bouter, à la Jeanne d'Arc, en plus mâle, le diable rouge. Ce qui ressemblerait, bien qu'on ne s'y exprime pas comme des charretiers, à un drame paysan, si le premier tableau, après un prologue tiré du psaume VII *(Seigneur, en vous j'ai mis ma confiance, Sauvez-moi de mes ennemis),* n'exposait d'emblée le nœud de l'affaire, le pape assiégé et la crise politico-religieuse avec risques d'internationalisation du conflit romain sur fond d'unité italienne et de laïcisation de la société. C'est pourquoi la première scène nous transporte à Chambéry où – et c'est là que le drame campagnard prend de la hauteur – Napoléon III reçoit les envoyés de Victor Emmanuel accourus demander de l'aide à l'empereur, lequel, la tête entre les mains, après avoir arpenté nerveusement en tous sens son bureau et tiraillé sa barbiche, gémit : *Le pape, toujours le pape, cette question romaine me fera perdre la tête.* En fait, ce sera davantage la question prussienne, mais ceci, cette rencontre au sommet afin de nous expliquer l'impasse diplomatique, et nous préparer au coup de théâtre du second tableau où, devant l'impuissance des gouvernants visiblement débordés par la complexité des événements, ce sont nos paysans qui vont prendre sur eux de dénouer la crise (évident écho de la chouannerie, où ce sont ces mêmes paysans qui tirèrent Charrette de dessous son lit où il se cachait, peu empressé à l'idée de défendre le roi et la religion, pour qu'il prenne la tête de leur rébellion). Car dès le second tableau le terrain nous devient familier puisque, délaissant les appartements impériaux, nous nous glissons à présent dans la ferme des Briand (*un intérieur de maison arrangé de sorte qu'un rideau descendant au milieu de la scène représente un paysage campbonnais, la chapelle Saint-Victor* – ce qui effectivement signe le lieu, ladite chapelle étant notre tour Eiffel), où le père Briand, de retour des champs, explique à sa femme qui s'inquiète devant son air soucieux, que l'armée du pape a été bel et bien écrasée, que le désastre est encore plus considérable qu'on ne le disait d'abord et qu'enfin l'armée de Lamoricière, ce grand chrétien, n'existe plus. A quoi son épouse réplique : *Ah, mon Dieu*, avec un à propos qui nous montre qu'elle a bien saisi qui était en réalité visé dans cette affaire.

Mais, du coup, par ce télescopage spatial, ce rapprochement déroutant entre les puissants de ce monde et d'humbles campagnards, l'auteur nous fait saisir à quel point le sort de la Ville éternelle repose tout entier entre les mains de ses fidèles (et principalement celles de la famille Briand), même si ce passage à marches forcées, flatteur pour nos couleurs, du global au local, de l'universel au particulier, n'est pas complètement convaincant et ne parvient pas à sortir l'œuvre de son ornière régionaliste. Ou serait-ce, cette composition en forme de pâté d'alouette, pour nous convaincre qu'à l'aune du divin – ou de la littérature – tout se vaut ? Campbon et Rome, la vie de la ferme et les manœuvres des gouvernants, François Briand et Giuseppe Garibaldi ? que toutes choses méritent une attention égale, un même intérêt, une même compassion ? C'est en effet à la scène III du second tableau qu'apparaît le personnage décisif de François Briand, jeune homme de dix-sept ans qui par sa force de conviction va entraîner ses camarades dans l'aventure ultramontaine, et pour cela devra d'abord braver l'autorité paternelle, ce qui en fait ne posera pas trop de problèmes puisque le père

Briand, en dépit de son air bourru, rêverait lui aussi d'en découdre avec Garibaldi, s'il avait l'âge pour (vingt ans, et ce qu'il ferait ? *Comme mon grand-père (en 1793), je décrocherais ce fusil, et je m'en irais là-bas, me battre pour Pie IX, pour que ces bandits ne parviennent pas jusqu'à lui*). Pas d'obstacle non plus du côté de la mère Briand, qui en dépit de ses larmes est ravie que la Providence ait choisi de retirer son fils à son affection pour en faire de la chair sainte à canon – d'ailleurs au cinquième tableau, intitulé la mort du zouave (heureusement il ne s'agit pas de François), un dénommé *le blessé*, après avoir été informé de la victoire de nos troupes, à Charrette (sans doute, un descendant de l'autre) qui très paternel s'inquiète : *Tu souffres, petit ?* répond : *Oui, mais ces jours-ci sont les plus beaux de ma vie. Parce que je souffre pour mon Dieu. J'ai trois blessures en l'honneur de la Sainte Trinité.* Et Charrette (se détournant) : *Sont-ils sublimes.*

Mais une histoire d'hommes, bien sûr. Il suffit de jeter un œil à l'abondante distribution (quarante et un personnages), essentiellement masculine, à l'exception du rôle de la mère Briand tenu, nous précise l'imprimé distribué le jour de la représentation – une feuille volante éditée par les Grands magasins Decré de Nantes et glissée dans le livret – par E. Violain, E. pouvant être Emile, du magasin de vêtements, en quoi nous resterions dans une tradition théâtrale médiévale, l'épiscopat refusant toujours que les personnages féminins des Mystères de la Passion soient tenus par des femmes.

C'est J. Jallais qui joue Napoléon III, N. Tremblay et P. Caillon se partageant les autres rôles prestigieux du pape et de Victor-Emmanuel, N. Tremblay troquant par la suite la calotte pontificale pour une authentique ceinture tricolore de premier édile de la commune. Mais en fait, le personnage clé de cette histoire, c'est François Briand. Et qui a-t-on chargé d'incarner le jeune rebelle (*on* devant être l'abbé Bernard car on ne trouve nulle mention d'un metteur en scène) ? J. Rouaud, notre père. Qui en avril 1939 avait exactement l'âge du rôle : dix-sept ans. Didascalie : *Onze jeunes gens sont rassemblés devant la chapelle. Ils écoutent François, suspendus à ses lèvres.* (Onze, comprenons le groupe des apôtres moins le traître, une assemblée purifiée, en somme). Et que leur dit le nouveau messie ? Il commence par un morceau de bravoure, le récit de la bataille entre les troupes de Lamoricière qu'il accuse Napoléon III d'avoir lâché, l'empereur traité en incise de franc-maçon – d'où l'on craint pour les choix politiques futurs de l'abbé Bernard dans l'époque troublée qui s'annonce –, et celles de Garibaldi. Au final, Lamoricière est défait et tous les survivants prisonniers. Que faire ? se lamentent les camarades. Réponse énergique de François : *Nous n'allons pas rester ici à planter nos choux pendant qu'on dépouille le pape.* Le *planter nos choux* étant à prendre à la lettre, l'alternative d'un voyage à Rome ne se refuserait pas, n'était le risque qu'il fait courir aux volontaires. Argument balayé dans un autre tableau par François apostrophé – *et toi, le gars de Campbon* – par Charrette : *Oh, il n'y a pas de danger pour moi, et puis, même s'il fallait mourir, je crois que je serais prêt.*

Vous, vous souriez. Mais imaginez que celui à qui l'on fait tenir de tels propos, soit votre père, qui va traverser en trompe-la-mort les années de guerre et mourir, oui, presque de guerre lasse, à quarante et un ans, un lendemain de Noël, ce qui, cette disparition soudaine, aussi invraisemblable que cela semble, arrive, alors que quelques minutes avant sa mort il vous parlait, vous donnant rendez-vous pour le lendemain après vous avoir souhaité une bonne nuit – et même une bonne fête pour les Jean placés sous le haut patronage du quatrième évangéliste dont on commémore le souvenir chaque 27 décembre. A nos oreilles, cette phrase pompeuse se charge soudain d'un ton douloureusement prophétique, comme si ces quelques mots condensaient l'essentiel du programme de sa vie à venir. Comment ne pas en être troublé ? Comment ne pas se demander si, ce rôle de patriote rebelle, à quatre mois de l'embrasement général où semblablement faillirent les gouvernants, ne l'a pas préparé à son engagement du côté des offensés. Peut-être, devant la chapelle ou ailleurs, alors que les troupes allemandes venaient de prendre position dans le village, a-t-il tenté de convaincre ses camarades de poursuivre la lutte, concluant sa harangue comme son héros François : *Pour moi, ma résolution est prise.* Et plus loin, à un autre zouave : *Nous vois-tu attendre les bras croisés, impuissants, immobiles, pendant qu'on se battrait d'un autre côté ?* La leçon fut bien retenue. Et sans doute, avec l'énergie et l'insouciance de la jeunesse, a-t-il traversé les années de guerre avec ce sentiment qu'il n'y avait pas de danger pour lui, ce qui lui faisait conclure qu'il avait eu de la chance, mais mourir à quarante et un ans, se sentait-il vraiment prêt ? Ses doutes sur la fin qu'il confiait à son confesseur, où la foi absolue de son modèle François vacille, lequel interrogeait après la bataille victorieuse à dix-sept contre mille le sergent : *Vous, vous n'avez jamais douté ?* Et le sergent : *Douter ? Il me vient quelquefois des idées comme ça.* Où l'on comprend de toute manière à la lecture de ce drame édifiant qu'à Campbon, Loire-Inférieure, on avait des visées supérieures, que mourir en odeur de sainteté constituait le programme de toute une vie, et donc que, pour les jeux de l'amour, ce ne devait pas être une partie de plaisir.

Dans une de ses dernières confidences, comme un aveu sur sa sexualité et une revendication de sa vie pleine et entière de femme avant son veuvage, maman racontait que Joseph, son homme, donc, son homme unique, avait été sévèrement tancé en confession par le prêtre après qu'il eut expliqué, évidemment à la demande insistante de l'inquisiteur pour qui il convenait de s'en remettre aveuglément aux voies impénétrables de la Providence, que dans le couple qu'il formait avec son épouse on prenait bien sûr des précautions au moment de passer à l'acte, ce que l'autre, très au fait semble-t-il de la nature de l'acte, ne pouvait entendre, en dépit de son oreille collée aux croisillons de bois de la cloison du confessionnal, la main formant un pavillon pour ne pas perdre une miette des aveux extorqués au pénitent, de sorte que s'élevant de la pénombre d'où émergeait le surplis blanc, la voix du spectre se lançait aussitôt dans une argumentation bien rodée par trois siècles de Contre-Réforme, d'où il ressortait que : croissez et multipliez, qu'en conséquence nos parents manquaient gravement à la parole de Dieu en refusant de participer à la reproduction du troupeau des brebis du Seigneur (lui, ce n'était pas pareil, il avait fait vœu de chasteté), et qu'en rémission de ses péchés il, notre père, savait ce qu'il lui restait à faire, qui ne consistait pas seulement à réciter une demi-douzaine de rosaires comme d'habitude et pour la peine, mais à égrener autant d'enfants que de chapelets. L'enfant comme une pénitence. Or ces admonestations ne remontent pas au temps du père Louis-Marie Grignon de Montfort, le grand inquisiteur des âmes de l'Ouest, le pourfendeur du jansénisme lequel avait gagné à sa cause les châtelains (par exemple, le marquis de Cambout, de notre duché de Coislin, qui entretint une correspondance avec Port-Royal, ce qui fait que nous voilà bien, coincés entre l'austérité et sa surenchère, entre la morale des princes et celle de l'Eglise, vous jugez de notre marge de manœuvre et ce que ça nous laissait comme plaisirs terrestres, car Grignon prit grand soin de baliser comme un petit Poucet ses chemins de mission, laissant un calvaire monumental à Pontchâteau, une pierre à Saint-Philibert-de-Grand-Lieu dont on raconte qu'elle lui servit d'oreiller, preuve qu'on ne pouvait l'accuser de mollesse, tant il est vrai qu'on ne détourne de l'esprit de rigueur qu'au prix d'une rigueur plus grande, sa tombe à Saint-Laurent-sur-Sèvres, et des congrégations comme s'il en pleuvait, de quoi assurer le suivi de son apostolat, l'épisode glorieux de nos zouaves attestant que ce suivi avait été assumé sans faiblesse), mais seulement dix ans après la fin de la seconde guerre mondiale, quand jusque dans les familles catholiques, moins peut-être les polonaises, les irlandaises et deux ou trois ferventes de notre canton, on suivait, comme on consulte un bulletin météo, les courbes de température du docteur Ogino, de son vrai nom Ogino Kyusaku – et on comprend que c'est du Japon, où le manque de place a toujours été criant, que nous soit venue la fameuse méthode –, pour prévoir le bon temps de cette carte du Tendre. Pas toujours très fiable, au vrai, puisque nous savons, mais par quelle confidence ? que notre même maman, après la petite dernière inopinée, imposa à notre même papa, ceci afin de bien manifester son désaccord quant à son interprétation erronée des prévisions à neuf mois, une cure d'amour sabbatique.

Bien sûr, le cinéma était inventé, et il y avait déjà quelques dizaines d'années qu'on s'embrassait à pleine bouche du côté d'Hollywood, on y organisait même des concours du baiser le plus long, mais l'Eglise n'avait pas son pareil pour annexer toute nouvelle forme de communication et, si elle s'était montrée si empressée à la création de salles de cinéma paroissiales, c'était pour garder la haute main sur la programmation. La garde implacable des Montfortains veillait au grain. C'est ainsi que dans la salle Saint-Victor, du nom de notre ermite fondateur dont les restes reposent dans la chapelle éponyme voisine, nous pouvions voir *Le Ballon rouge* d'Albert Lamorice, *Le Voyage en ballon*, du même, ou encore *Crin-Blanc*, toujours du même, de sorte que nous pensions qu'il était le seul cinéaste à ne pas réaliser des films non édifiants, car pour le reste c'était la vie de Bernadette Soubirous, ou de Thérèse de Lisieux, ou de saint Vincent de Paul, ce qui nous apprend peu sur le rituel amoureux. Car des couples qui s'embrassaient, au vu et su, c'est-à-dire sur la place publique, non, ça n'existait pas. Pas même le jour de leur mariage. Plus tard, toujours au cinéma, on a vu qu'après s'être assurés de leur assentiment mutuel les mariés se penchaient l'un vers l'autre, lèvres tendues, et devant le prêtre qui ne paraît pas choqué, ni même gêné, s'embrassaient à la barbe du Christ. Dans une église anglicane peut-être, qui naît d'ailleurs d'un adultère, d'une répudiation, d'un arrangement matrimonial, mais pas chez nous, avec l'abbé Travaillé hurlant en chaire *Oh, le démon*, avec cet autre se glissant du fond de son confessionnal dans l'intimité des époux. Donc, à Campbon, Loire-Inférieure, pas de manifestations de tendresse. De sorte que papa, quand il revenait de ses tournées hebdomadaires, déposait un baiser sur la joue de maman. N'en concluez rien, ni sentiments vagues, ni perte d'affection. Je sais maintenant.

*
* *

Sur leur rencontre, je pourrais même en apprendre davantage. Il me suffirait de demander. Mais, outre que Blanche Mulvet, la jeune fille de la ferme du Tramier, a disparu, les témoins, en dépit de ce qu'ils avancent, ont peu à raconter, sinon abondamment sur eux-mêmes, ce qui se comprend bien, mais limite du coup l'intérêt de solliciter un rendez-vous. Ils livrent une impression d'ensemble, par exemple *c'était un type formidable*, le regard se dérobant soudain, semblant entreprendre un voyage dans le temps à la rencontre de celui-là qui les avait tant impressionnés, et puis, comme au sortir d'un songe somnambulique, ils se montrent incapables de raconter ce qu'ils ont vu, d'expliquer en quoi il était formidable, cet homme, reprenant le récit de leur vie, dans lequel celui qui vous intéresse n'est déjà plus. C'est que les intérêts divergent, que vous ne vous alimentez pas à la même source. Celui qu'ils ont connu tiendrait tout entier dans un magnétophone. Pas votre père. Il faut donc vous contenter, au détour d'une incise, de la vision fugitive de cet homme s'éclipsant avec un magasinier pour trinquer dans un bar voisin à la naissance d'un nouveau-né – et vous ne savez même pas le nouveau-né de qui –, ou refaisant les comptes d'une commerçante, falsifiant, lui l'homme intègre, quelques factures pour que celle-là inopinément veuve, et peu au fait de la gestion, ne se retrouve dans l'embarras, ou conseillant une famille dans le choix des études pour les enfants, lui qui avait tant regretté de n'avoir pu pousser plus loin les siennes. Il faudrait avoir la patience de l'enquêteur, le goût de l'investigation, interroger, sonder, visiter les lieux de pèlerinage, éplucher les fiches d'état civil, les bordereaux de ses carnets de commande qui portent l'adresse de ses clients, ses notes d'hôtels et de restaurants (il s'interdisait de dîner d'un sandwich et accompagnait systématiquement le menu du jour d'un quart de vin et d'un café), rencontrer les derniers hôteliers survivants, les derniers commerçants, fournisseurs, représentants l'ayant côtoyé, accepter de se détourner de cinq cents mètres pour glaner un renseignement. Or je suis celui-là qui ne se lève pas toujours de son siège pour vérifier dans un ouvrage de la bibliothèque, située à peine plus loin qu'une longueur de bras, la justesse d'une information, préférant livrer un état défectueux de sa mémoire et se laisser porter par le hasard des rencontres, des confidences, des trouvailles, essayant de se persuader que l'imagination, qui comble les blancs souvent avec finesse, fera le reste. D'autant que, tombant sur une lettre à caractère intime, par exemple, on peut très bien ne se pas sentir le droit de la lire, et choisir de refermer l'enveloppe comme on détourne les yeux, par discrétion.

Mais en fait je les avais lues, ces lettres du temps de leurs fiançailles, écrites par notre père et donc conservées par notre mère – non pas pieusement, terme qui normalement s'imposerait mais serait peut-être ici abusif tant on connaît ses habitudes, et comment elle entassait dans un sac ou une boîte de carton souvenirs et documents pour les oublier et n'y plus jamais revenir – dans un coffret laqué rouge décoré de feuilles de nacre, long et étroit, et donc pas du tout adapté au format de la correspondance, laquelle avec les années a fini par adopter la courbure des tuiles. Sur papier bleu télégramme et d'une écriture qui n'est pas encore tout à fait celle de la maturité, elle s'échelonne de la première rencontre, alors que les amants ne se sont pas encore mutuellement déclarés, jusqu'à quelques jours avant leur mariage, pour lequel lui manifeste une réelle impatience, qui semble tenir moins à la hâte de la bénédiction nuptiale qu'à la nuit qui doit suivre. C'est du moins le souvenir que j'ai gardé de cette première lecture faite dans la foulée de la découverte des lettres, à l'adolescence, avec le sentiment qu'elles étaient une part de ma préhistoire, comme si la préoccupation de mon existence se formait là, dans cet entre-deux traversé par les missives, autant dire dans la sacoche du facteur, à charge pour lui de raccorder les deux moitiés pour n'en faire qu'une, car c'est de cet échange amoureux que je procédais, un mot de travers, une brouille, et tout s'envolait. Mais pas de doute, cet homme-là aimait cette femme-là qu'il appelle, quand visiblement il lui paraît que ses sentiments sont partagés : *ma chère petite Annick*, puis *ma petite Niquette chérie*, puis *mon petit Loup chéri.* Et il me serait facile de reprendre l'ensemble de la correspondance, de relever la grande variété des intitulés, mais justement, si les lettres sont toujours à la même place, dans la même boîte de la même armoire de la même chambre donnant sur la rue où je suis né – dans les maisons familiales on évite de bouleverser l'ordre ancien, résultat d'une lente sédimentation, fruit de plusieurs générations –, après le décès du *petit Loup* en dépit du désir que j'en avais il m'avait été impossible de les relire. Maintenant que la petite Annick avait rejoint son grand Joseph, je me sentais, déchiffrant les feuilles bleues, comme l'abbé inquisiteur qui avait essayé de se faufiler dans le secret de leur intimité. Et j'avais replacé l'ensemble de la correspondance dans son coffret chinois, afin de les laisser entrer seuls dans leur nouvelle et éternelle nuit de noces.

D'ailleurs on en apprenait tout autant, sans que le sujet de la rencontre fût abordé, dans une lettre écrite par Joseph à sa tante Marie, quelques semaines avant l'armistice. Le ton y est tellement enjoué, primesautier, que ce n'est pas la perspective de la fin des hostilités, au sujet de laquelle le jeune homme se montre circonspect, qui suffirait à expliquer pourquoi soudain tout irait pour le mieux dans le meilleur des mondes en guerre. La tante Marie ne fut peut-être pas dupe, qui devait connaître son neveu, dont elle avait dû recevoir quelques mois plus tôt des missives moins affriolantes, alors qu'il se lamentait du fond de sa ferme clandestine de demeurer sans nouvelles de son officieuse fiancée. Et sans doute ne pouvait-il bénéficier des services de la poste (son adresse ainsi libellée sur une enveloppe : Monsieur Joseph Rouaud caché dans la ferme de monsieur Mulvet, au lieu-dit Le Tramier, ce n'eût pas été prudent, et d'ailleurs le facteur n'eût trouvé personne car sa fausse carte d'identité l'a transformé en Joseph Vauclaire, natif de Lorient – une précédente fausse carte, d'avant son évasion, si elle lui conservait son patronyme, le vieillissait de quatre ans), mais on sait que, même en ces périodes sombres, pour qui voulait, il y avait toujours moyen de faire transiter un message. D'ailleurs, c'était Bernadette, dite Dédette, la petite dernière de monsieur Brégeau, tailleur à Riaillé – où se situait la ferme du Tramier –, qui jouait à l'estafette. Sa sœur aînée, Claire, dite Clairo, s'était depuis quelques années exilée à Campbon où son mari, y ayant repris une affaire de grains, s'était lié d'amitié avec le jeune négociant en vaisselle de l'endroit, au point de demander à sa belle-famille demeurée à Riaillé de l'aider à trouver un lieu sûr où camoufler le jeune déserteur. Voilà comment s'établit le contact entre les deux communes distantes d'une soixantaine de kilomètres. Tout était donc en place pour les conditions de la rencontre, car les deux sœurs en cachaient une autre, qu'on voyait moins, parce que plus réservée, préférant demeurer chez elle à confectionner de délicats chaussons de feutre, mais que vit Joseph et qui lui fit oublier son chagrin. (Il y eut même un moment où son cœur balança au point qu'il s'en ouvrit dans une lettre à Claire, laquelle lui répondit que c'était une situation bien embarrassante qui risquait de faire souffrir trois personnes. Sans doute pensait-elle protéger sa sœur cadette en décourageant le jeune homme de se déclarer, ou peut-être l'avait-il déjà fait à ce moment et ne savait trop comment se sortir de cette triste situation vaudevillesque, dans laquelle ils devaient effectivement être trois, lui, Annick et l'officieuse fiancée, dans l'embarras.)

Mais lorsque le 12 avril 1945 il écrit à sa tante, c'est visiblement soulagé. Pas de doute, il a mis de l'ordre dans ses affaires de cœur. Ce bonheur vif qui parcourt la lettre ne trompe pas. C'est celui d'un jeune homme amoureux qui goûte d'autant mieux son bonheur tout neuf qu'il en connaît le prix, qu'il l'a payé de ses tourments, de ses atermoiements. C'est un bonheur claironnant qui ne peut provenir que d'une résolution : Joseph a arrêté son choix, annoncé à l'une que leur histoire était finie, et à l'autre que désormais il était libre de l'aimer. Ce qui, cette clarification des sentiments, ne va pas sans drames, mais de cela rien ne transparaît, rien dans les propos tenus ne laisse même supposer qu'il vient de triompher de ce qui constitue sans doute, bien plus que son engagement dans la lutte clandestine, sa première épreuve d'homme, sinon ce ton délibérément enjoué, presque forcé, qui vaut pour un aveu.

La lettre pliée en seize tient dans une enveloppe minuscule, destinée à l'origine à recueillir les cartes de visite de l'époque, de la taille d'une moitié de carte à jouer, ce qui permettait, à l'instant de saluer, de les glisser sans attirer l'attention dans le creux d'une main, voire, une élégante, dans l'échancrure d'un corsage sans qu'elle en soit outre mesure incommodée, même si la destinataire de la lettre, il est vain de l'imaginer avec une gorge pigeonnante accueillant contre sa poitrine un rendez-vous galant, petite silhouette plate et sèche aux jupes comme des sacs percés descendant jusqu'aux chevilles, le chemisier boutonné jusque sous la glotte, le chapeau posé à la six-quatre-deux, l'ensemble noir, anthracite ou gris souris, la seule note colorée provenant des reflets violets de ses cheveux dus à la main leste de sa coiffeuse modiste, qui versait ses produits capillaires sur la tête blanche de l'institutrice comme elle remplissait les verres dans le café mitoyen de son salon, en veillant à ne pas se montrer regardante, de manière à éviter tout reproche de parcimonie. Mais cette enveloppe minuscule, qui porte uniquement le nom de la destinataire, mademoiselle Marie R., ce qui suppose qu'elle fut remise en main propre, ou glissée dans une enveloppe plus grande, à charge pour le récipiendaire, un homme de confiance, de faire le facteur, on la croirait faite exprès pour la clandestinité et la période de restriction qui va avec, quand on s'applique à se faire tout petit, le plus discret possible, à offrir le moins de visibilité, et que tout manque, et le papier, bien sûr, qui oblige à rédiger des romans sur des confettis, mais en fait, la clandestinité, on en était récemment sorti, bien qu'il subsistât des poches de résistance, c'est-à-dire de résistance à la Résistance, comme la région de Saint-Nazaire qui ne fut libérée que le 11 mai, soit trois jours après l'armistice – du coup on se demande ce qu'ils écoutaient, les Allemands, pour n'avoir pas compris que c'était fini, ou peut-être croyaient-ils à un mauvais tour de la propagande –, mais là on tient le bon bout puisque la lettre est datée du 12 avril, et donc bientôt la délivrance pour tout le monde, moins ceux qui ne s'étaient pas bien conduits, ôtés de ceux qui passèrent habilement au travers, de sorte que cette perspective de la fin de cinq années de cauchemar semble autoriser ce ton enjoué, primesautier, mais un peu trop peut-être, comme si la patrie libérée avait bon dos. Cette joie faussement innocente, cette innocence faussement ingénue, c'est d'abord celle d'un cœur amoureux qui n'ose annoncer à la ronde son bonheur flambant neuf, et spécialement à la tante

Marie qui a gardé courageusement la maison pendant les années de clandestinité de son neveu, lequel semble la ménager, de crainte, connaissant sa susceptibilité et ses mœurs rigides, de la froisser. Procédons par étape, montrons d'abord que tout va bien, et quand on s'interrogera sur la raison de ce bien-être on trouvera toujours le bon moment d'en dévoiler la cause. Commençons donc d'emblée par donner des nouvelles du neveu rebelle : *Un petit mot pour te rassurer. Toujours en bonne santé, bon moral. Suis en plein boulot. Pierre est avec moi. Vu Victor, pas loin.* Il annonce également qu'il va changer de patron et entrer dans une autre entreprise, *de transports, très intéressant, car très, très longues tournées.* Ces quatre derniers mots soulignés. Sous-entendu, tu ne risques pas de me voir avant longtemps. Et pour cause. En fait d'entreprise de transports, il s'agit de son incorporation au 12e escadron du train. Cache-t-il volontairement son engagement afin d'éviter une source de chagrin supplémentaire à sa tante qui maintenant n'a plus que lui et son cousin Emile, ou, Campbon située dans la poche de Saint-Nazaire étant toujours occupée, craint-il de donner des renseignements ou de faire courir un risque de représailles au dernier membre de sa famille, ou est-ce une sorte de code entre eux qui ferait de l'institutrice sa complice, quand il plaisante par exemple sur le *restaurant* où il a *pris pension* et dont la cuisine n'est pas des plus raffinées, ou quand, filant la métaphore de l'entreprise, il évoque un contremaître qui doit donc être en fait son chef hiérarchique, mais qu'il juge épatant, ou fait un tableau de ses camarades soi-disant ouvriers et qui ressemble à s'y méprendre à un récit de chambrée *(Mon copain de piaule se fend la pipe car, ne faisant pas de bruit, une souris en a profité pour se glisser sous ses couvertures. Elle nous a échappé mais l'encrier s'est répandu sur sa lettre. Il rouspète. Il fait 1 m 92 et est surnommé gratte-ciel, son grand copain est évidemment rase-mottes qui mesure 1 m 55. Ils sont crevants tous les deux)* ? Et s'il avoue être devenu philosophe et étudier la psychologie, plutôt que l'imaginer le nez dans des livres savants, il est raisonnable de penser qu'il résume ainsi d'un clin d'œil en direction de sa tante les vertus que requiert la vie de caserne, et qui lui sont si peu naturelles, qu'il dut à son caractère indépendant quelques jours d'arrêt pour actes d'indiscipline.

Pour brouiller davantage les pistes, il feint même de redouter, toujours sur le ton de la plaisanterie, d'être mobilisé *(Je crois que dans dix ans la guerre sera terminée et qu'arrivé à l'âge de Mathusalem je ne craindrai pas d'être mobilisé)*, alors que nous avons la preuve que le 5 février 45 il a contracté un engagement, et ce pour la durée de la guerre, dans l'armée régulière, en intégrant le groupe de transport 625-285° CIE, ce qu'atteste le lieutenant Thibault par sa signature sur un imprimé ainsi libellé, *Certificat de présence au corps*, ainsi que le lieutenant Brante sur une autre feuille tout aussi officielle mais seulement dactylographiée. De certificats en attestations, on le suit ainsi à la trace depuis son entrée dans la clandestinité : attestation du mouvement Vengeance pour son action dans le corps franc à partir du 5 février 44, certificat signé par le chef d'escadron François de Turquat pour avoir servi comme volontaire et avec honneur au 3ᵉ bataillon des Forces françaises de la Loire-Inférieure, du 5 août 44 au 12 décembre 44, l'exhibit d'un ordre de mission, daté du 5 octobre 44, l'autorisant à circuler à toute heure de jour et de nuit, et avec tous moyens de locomotion, carte de circulation permanente (Militaires) du 17 novembre 44 mentionnant son appartenance au 2ᵉ Bureau de Loire-Inférieure, un certificat de présence certifiant qu'il a été employé au service du lieutenant Gaston Ple de la DGER, en qualité d'agent de liaison du 12 décembre 44 au 5 février 45 inclus, un permis de passer à travers les lignes américaines, en fait, un tampon : *Permit this agent to pass through american lines*, apposé sur une de ses fausses cartes d'identité datée du 3 mars 43, une fiche d'identité de solde des FFLI datant son entrée en service dans les FFI de septembre 43, lui donnant droit, au 6-3-45, à percevoir une somme de 2 909 francs de laquelle on a déduit un impôt cédulaire de 121 francs, sa fiche de démobilisation du 12ᵉ escadron de train, 101ᵉ compagnie, caserne Marceau – Limoges, avec le grade de maréchal des logis (qui était déjà celui de son père au cours de la première guerre), donnant droit au transport gratuit pendant quinze jours à compter du 15-10-45, laquelle précise que l'intéressé a reçu trente jours de solde, trente jours de tabac et trente jours de tickets d'alimentation, plus une prime de démobilisation de 1 000 francs, autant de documents qu'il avait rassemblés dans un épais portefeuille en cuir usagé, un quasi-portfolio, déposé dans le coffre-fort dont son père, qui rêvait sans doute à de fastueuses recettes, avait fait l'acquisition dans les années trente, pour finir par disparaître sous les reconnaissances de dettes, en quoi on reconnaît qu'il se moquait, comme notre mère, des pieuses reliques, ce que nous confirme cette carte de la *Fédération des Amicales de Bataillons FFI*, qui nous indique, un tampon au verso, qu'il régla une unique cotisation avant de se désintéresser, lui, le surnommé Jo le dur par le commandant Verliac, de ces combats d'arrière-garde où l'on refaisait la guerre autour d'un banquet. En réalité, son désintérêt eut une autre cause, une certaine forme de lassitude face à l'attitude de certains qui s'inventaient un passé de combattants et à la réaction, au vrai sens politique du terme, de ceux qui à la Libération repoussèrent dans les urnes la liste présentée par le commandant Verliac (sur laquelle ne figurait pas notre dur à cuire) pour reconduire les élus qui avaient manifesté publiquement, par une lettre ouverte, leur soutien au maréchal Pétain. Et nous qui sommes si fiers de lire que *sa conduite et son courage ont toujours été dignes des plus grands éloges*, nous qui aimerions tant maintenant lui demander de raconter, au lieu de ces témoins de remplacement qui proposent leurs services pour surtout parler d'eux-mêmes, nous partageons sa déception. Car cette lettre à sa tante qu'il achevait sur une note humoristique *(Je voudrais bien remplir la page mais ma vue se trouble, mes yeux se ferment, en définitive il est 1 heure et demie et je vais dormir)* se refermait, après qu'il eut embrassé très fort sa seule famille, sur un ultime post-scriptum, que rien dans ce qui précédait n'annonçait et qui disait : *Comme dans toutes les belles histoires, les méchants seront punis*, la dernière partie de la phrase trois fois soulignée. Et il est sûr que dans l'esprit du jeune homme il n'est pas besoin de faire un dessin et qu'aux yeux de la destinataire les noms des coupables s'inscrivent en écriture sympathique. Ce qui n'appelait pas à une justice expéditive puisque par son intervention il évita à deux jeunes femmes l'humiliation d'une tonte publique et ce pilori moderne qui consistait à traîner les déclarées fautives à travers les rues de la ville en les livrant aux injures et aux crachats de la foule. Ce qui traduisait simplement son sentiment d'alors, que certains, au nom des souffrances endurées par d'autres, auraient peut-être à rendre des comptes. Mais qu'ils ne rendirent même pas, de toute façon. Alors à quoi bon ces cartes de membre actif qui donnaient le droit de poursuivre la guerre autour d'une table garnie, à quoi bon ces cotisations qui taxaient le souvenir comme si certains se dédommageaient de la sorte de n'avoir pas en temps voulu payé de leur personne. La vie a repris son cours normalement désolant, à quoi bon se confire en amertume et ressentiment. Lui a mieux à faire. Une ère nouvelle s'ouvre, qu'il traversera au bras de son petit Loup chéri, et où il sera question de bonheur et rien d'autre.

V

*Rodez dimanche 11 heures
Mon petit loup chéri,
Je n'ai pas encore de lettre de toi. C'est bien long, demain matin peut-être. Hier j'ai travaillé comme un sourd pour dix tableaux. Je crois demain mieux travailler. J'ai tout de même fait 59 tableaux dans ma semaine, pourvu que ça continue. Je ferai 1.600.000 F, c'est mon but. Je viens de la messe à la cathédrale. En revenant j'ai été tenté par ces cartes qui indiquent bien le relief, mais les couleurs sont poussées. Le pays est triste, pas de végétation et des routes abominables. Le temps est très beau, pas froid. Je ne sais pas à quelle date je vais aller à Campbon. Tout dépendra de mon travail, si je sens que je peux arriver à la prime je resterai jusqu'à la fin du mois et irai début février. As-tu envoyé les intérêts à Mabilais ? Demain Renaud doit venir payer la voiture, tu prendras dessus pour ça. Si tu peux envoyer 50.000 F à B., fais-le. Si tu as besoin pour la semaine prochaine, dis-le-moi. Je vous espère tous en bonne santé. Je te serre bien fort dans mes bras. Joseph.*

La carte au recto représente une vue en surplomb

d'Entraygues-sur-Truyère, une bourgade de l'Aveyron serrant ses maisons hautes aux toits de lauzes sur un terrain isocèle en bordure d'un cours d'eau, un affluent du Lot, qu'enjambe, à la pointe du triangle, un pont aux arches gothiques. Notre père a raison de déplorer que les couleurs sont poussées. Le ciel et la rivière qui sinue entre les collines ont visiblement reçu une large touche de bleu, même les prés se sont mis au vert, en dépit de l'avertissement du fabricant, les Editions Modernes à Limoges, qui affirme que son procédé Mexichrome garantit des couleurs naturelles. Notre père semble bien placé, qui a sous les yeux l'original, pour mettre en doute la bonne foi de l'éditeur et, comme il n'a pas vocation à attirer le tourisme, on peut le croire quand il donne une vision moins attrayante de l'endroit, même s'il a vraisemblablement intérêt à ne pas donner de son travail une vision trop idyllique qui dévaluerait le prix de son éloignement. Sans doute a-t-il pris la carte sur un tourniquet posé sur le comptoir d'un bar-tabac où il allait acheter sa ration journalière de deux paquets de cigarettes, des Gauloises à cette époque, car il semble que son goût pour les Gitanes soit plus tardif, peut-être même ne les trouvait-on pas encore. Il est étrange qu'il n'ait pas choisi une vue de Rodez et de son imposante cathédrale de grès rouge où il entendit la messe, mais peut-être un autre correspondant en a-t-il bénéficié. La carte n'est pas datée, cependant nous savons, par le certificat qu'il reçut de son employeur au moment de son départ, qu'il travailla pour le compte de la Maison des Instituteurs en qualité de représentant – car en fait de tableaux il ne s'agit naturellement pas d'œuvres d'art, mais de ces gravures pédagogiques à thèmes qui ornaient autrefois les murs des salles de classe – du 1er octobre 1955 au 17 février 1958, date à laquelle, lassé de ces *très très longues tournées* – et l'on comprend qu'après cette adolescence passée derrière le comptoir du magasin de ses parents, puis cette jeunesse cloîtrée dans la clandestinité, connaissant son trop-plein d'énergie, il ait aspiré à bouger, à voir du pays –, il choisit un employeur plus proche et un circuit moins contraignant, savoir Quimper et la Bretagne, comme si son territoire d'arpenteur était sa peau de chagrin, de sorte qu'on peut voir un funeste présage dans son désir de revenir au pays pour prendre la direction de l'hôpital à trois cents mètres de chez nous.

Il y a donc une dizaine d'années à ce moment que nos beaux parents font route commune, de ce pas alerte et décidé qui leur faisait traverser une rue de Saint-Laurent-sur-Sèvre pleins de confiance dans la vie. En réalité, dix ans de course-poursuite avec les emprunts (où l'on retrouve l'ombre de l'abbé prêteur dont on devine que, comme chaque année – la carte est écrite en janvier –, il n'a pas manqué de rappeler son débiteur à son bon souvenir au moment de la cérémonie des vœux), dix ans de chagrin (la mort du premier enfant) et de labeur, dix ans mais qui n'empêchent pas l'époux itinérant, et pour nous c'est ce qui importe, de serrer son toujours petit loup chéri bien fort dans ses bras.

Le 21 mai 56, nous le retrouvons à Bruxelles (vue en noir et blanc de la Grand'Place), et toujours les mêmes leitmotive : l'adresse tendre à son petit loup chéri, l'espoir de vendre des tableaux en Belgique, mais *si ça ne marche pas j'ai dit que je rentrais*, le couplet sur la vie chère *(un simple demi de bière coûte 80 F)*, son impression générale sur le pays qui *n'est pas très drôle ici avec le parler, mais il paraît que plus bas le français est meilleur*, et quelques mots pour remonter le petit moral de celle qui se lasse sans doute d'attendre seule avec ses trois enfants en bas âge, – *Peut-être la compagnie de Jean et Clairo t'a-t-elle passé le cafard ?* Puis c'est San Sebastian (une carte en noir et blanc de la calle San Ignacio de Loyola y Catedral, avec, au milieu de la rue, deux tractions avant Citroën et une charrette à bras), où il n'a pas encore acheté de chaussures, ce qui semble, plus que la vente des tableaux, le but de son franchissement de la frontière *(nous marchandons car c'est un vrai pays de croquants)*, mais *si un jour nous allons à Lourdes, j'envisage de passer ici où la vie est moins chère*, et, après avoir envoyé de gros baisers à ses enfants, les derniers mots sont pour son petit loup chéri : *Je t'embrasse comme je t'aime.*

Invariablement, nous l'avons entendu maintes fois, ce commentaire qui accompagnait son éloge : c'était un homme de parole. La preuve en est, c'est que nous l'avons fait, ce voyage à Lourdes, à cinq dans la 203 fourgonnette, spécialement aménagée à l'arrière pour accueillir ses tableaux, et pour laquelle, à notre intention, il avait fabriqué une banquette escamotable recouverte d'une panne de velours rouge où nous nous serrions tous les trois. Peut-être le passage de la frontière fut-il rendu impossible du fait que nous ne disposions en guise de cartes d'identité que des cartes de réduction à 30 pour 100 de la SNCF, car il ne semble pas que nous ayons fait un détour par l'Espagne en cet été 57 ou 58, où le thermomètre grimpa si haut sur la route du retour qu'en catimini sur la banquette arrière nous vidâmes nos gourdes d'eau bénite, laquelle, par imprégnation avec les flacons de plastique achetés dans une des innombrables boutiques de souvenirs où la moindre babiole porte le sceau de la grotte miraculeuse, avait un goût étrange qui ne devait rien à la source sacrée où elle avait été puisée. En revanche il y eut le franchissement épique du col du Tourmalet dans un brouillard ouaté tellement dense qu'il ne permettait pas de voir l'avant du capot de la voiture, et que maman, se sentant prisonnière des nuages, eut une crise de nerfs au point que papa, forcé de la calmer, en vint à lui administrer une gifle. Quoi ? Une brute ? Pas du tout, nous n'avons qu'un autre souvenir de la main paternelle s'abattant comme la foudre, mais l'heureuse bénéficiaire, la benjamine, se vit en échange offrir un disque pour le prix de ses larmes et de son pardon. On se rappelle également la longue montée à pied vers le cirque de Gavarnie, alors que de plus fortunés nous doublaient à dos de mulet, ainsi que l'arrivée au sommet où nous attendait une terrasse de café et au loin la brèche de Roland, qui fut peut-être l'occasion pour notre père de lancer une de ses citations favorites, attribuée au preux chevalier après qu'il eut essayé de briser en vain sa fière Durandal contre un rocher afin qu'elle ne tombe pas aux mains des Sarrazins, et dans un dernier effort la lançant au loin : *où mon épée tombera Rocamadour sera.* Mais, en fait, Rocamadour, ce fut l'année suivante, à quoi l'on reconnaît que notre père avait de la suite dans les idées, la suite valant également pour La Bourboule, qui était la raison première de ce voyage dans le Limousin, un pèlerinage dans la ville thermale où quelques années plus tôt il avait conduit à plusieurs reprises son épouse et leur petite asthmatique. Ailleurs, nous prîmes le téléférique, mais pour quel site ? Le Pic du Midi ? C'est à cette occasion que papa fit passer notre menue maman pour sa troisième fille, de manière à bénéficier de la réduction accordée aux enfants. Soit, à trente-cinq ans, elle faisait vraiment jeune, soit il la voyait ainsi, ce qui est encore plus beau. La vie chère est, on l'a vu, un souci constant, mais même grevés d'emprunts ce n'est pas pour autant que nous allons camper et piqueniquer. Notre père qui déteste pour lui-même cette forme de voyage au rabais préfère écourter la durée du séjour, mais ce sera hébergement à l'hôtel et les pieds sous la table midi et soir pour tous les cinq. En prévision, peut-être l'abbé prêteur a-t-il reçu au dos d'une carte postale représentant la grotte de Lourdes un amical souvenir de toute la famille.

Mais l'important pour nous, pour ceux qui craignaient que le couple n'ait pas résisté à ce parcours d'épreuves, à cette vie sous le joug où l'embellie est toujours remise à plus tard, qui redoutaient que le fait qu'on ne les voie pas ensemble dans ces livres qui parlent d'eux pût s'interpréter comme le signe d'un divorce des sentiments, c'est que nous ayons bien lu : *Je t'embrasse comme je t'aime.* Relisons encore, nous n'inventons rien, c'est écrit en toutes lettres : *Je t'embrasse comme je t'aime.* Et celle-là, la cajolée, c'est le même *petit loup chéri* de plus de dix ans d'âge qui sur le papier bleu de la guerre avait redonné à l'orphelin, qui se pensait victime d'une malédiction, le goût de la vie. Et quand notre sœur aînée, après avoir longtemps gardé son lourd secret, raconte que notre maman lui demandait de lui tenir la main avant de s'endormir comme l'avait fait chaque nuit pendant dix-sept ans et six mois, moins les nuits d'hôtel, le disparu, nous pouvons être rassurés, car tenir longuement une main dans sa main, sans amour, c'est impossible. Plus de doute, les larmes de notre mère qui mirent si longtemps à sécher, ce sanglot après la mort de son homme dont elle crut qu'il finirait avant un an par l'étouffer, cette infinie lassitude devant cette route à parcourir en solitaire désormais avec ce bras pendant qui n'était plus lourd de l'autre bras, c'était la manifestation d'une formidable peine d'amour. Assise à l'extrémité de la table de la cuisine sur laquelle elle étalait ses papiers, se livrant à cet exercice de comptabilité qui constituait l'ultime étape de ces douze travaux quotidiens, nous l'entendîmes une fois entre ses larmes murmurer comme pour elle-même, et peut-être à notre intention : *dix-sept ans, ce n'est pas beaucoup, tout de même*, comme si elle refaisait inlassablement ses comptes, cherchant une erreur de calcul qui serait responsable de son pauvre capital de vie maritale, et parvenant toujours au même résultat, à ces dix-sept années où se condensait ce que leur existence commune avait accumulé de joies et d'épreuves, ne comprenant pas par quelle injuste manipulation on avait disposé brutalement, un lendemain de Noël, de son modeste placement.

Ils ont le temps pour eux, maintenant. L'ancienne prévision s'est réalisée, de ce dimanche rituel où, alors que nous rendions visite au disparu sous sa dalle de granite dans l'allée de droite du cimetière à quelques tombes de l'entrée situées contre le mur d'enceinte, après avoir effectué les mêmes gestes, l'arrosage de la jardinière où fleurissaient quelques pieds de bégonias, relevé un vase abattu par la tempête, et pris la pose, mains croisées, pour prier en silence, notre mère qui avait par son signe de croix mis fin à la séance de recueillement, nous montrant un emplacement vierge à gauche au pied de la grande croix couchée, taillée dans la masse du granite, nous fit part de son désir que, le moment venu, nous y inscrivions son nom, faisant ainsi symétrie à celui de son époux. Ce qui, sur le moment, nous avait semblé prématuré. Mais trente-trois ans plus tard, nous avons respecté sa volonté. Une symétrie d'ailleurs imparfaite puisque la mention *née Brégeau*, sous son nom d'épouse, rajoute une ligne supplémentaire qui donne l'impression que, comparée à l'inscription consacrée à notre père, sur l'autre pan incliné de la dalle, sa vie à elle fut plus longue. Impression confirmée par la plaque de marbre blanc, fixée sur l'entame de la pierre tombale, bien au centre, entre les parents en somme, et qui, elle, dans sa formulation lapidaire, *Pierre 1947*, traduit bien la brièveté du passage sur terre de l'enfant météore. Du coup, devant cette dalle gravée où il n'y a plus de place pour inscrire un autre nom, il semble que nos disparus ont recomposé une famille dans l'étroite cabine de la tombe, avec les moyens du bord, mais qu'ainsi ils n'ont plus besoin de nous, de sorte que nous avons le sentiment d'être presque intrus quand nous les visitons désormais, qu'il nous vient à l'esprit que peut-être on les dérange.

Il y avait si longtemps que je dialoguais avec celui qui était le but unique de ces visites au cimetière, même si par habitude je ne manquais jamais d'aller dire un petit bonjour à la tante Marie, quelques tombes plus bas, de l'autre côté de l'allée latérale, moins pour me rappeler à son souvenir à elle qu'en mémoire de lui, parce qu'elle lui avait donné, elle si peu démonstrative, si bourrue dans ses manifestations d'affection, la plus grande preuve de son attachement en mourant, quelques semaines après lui, de chagrin, et même presque, oui, d'incrédulité devant cet effarant ravissement de son neveu, un lendemain de Noël. Pas un retour au pays pendant ces trente-trois ans, sans que je m'échappe discrètement de la maison familiale pour aller me présenter devant lui, lui donner les dernières nouvelles, lui demander son aide, des conseils, ou simplement sentir sa présence, quand il m'apparaissait que sa disparition brutale m'avait privé de sa force, m'avait laissé à ce point démuni que j'aurais pu m'asseoir sur le coin de la tombe et attendre à ses côtés, dans la grisaille des ciels d'Atlantique, la fin des temps. Parfois, en hiver, c'était à la nuit que je poussais la petite porte de bois plein, située à gauche de la grille d'entrée monumentale, laquelle ne s'ouvre que pour les convois funéraires. C'est donc par la porte des publicains et des pécheurs qui grinçait sur ses gonds comme dans un film d'épouvante que j'entrais dans le domaine réservé des morts. Il n'y avait pourtant rien de lugubre dans cette mise en scène crépusculaire puisque j'éprouvais intimement que j'allais au-devant de la consolation. Il me suffisait de me tenir debout devant la tombe, alors que souvent une petite pluie froide striait de filaments d'or le halo lumineux du lampadaire tout proche, de l'autre côté du mur de pierre, éclairant la route étroite qui longe le cimetière, d'adopter, bras croisés, tête baissée, une attitude recueillie, et de me signer, qui est ma façon de me présenter devant les morts, de les saluer, pour entamer une partie de silence avec la figure du manque. D'autres fois, à toute heure du jour, profitant que mon absence passerait inaperçue, en marchant le front baissé pour n'avoir pas à saluer les passants, c'était plié en deux sous les déferlantes de vent, ou le visage cinglé par les pluies batailleuses, ou à la belle saison baigné dans une douceur printanière que je m'entretenais avec le disparu, m'étonnant à chaque fois que ce lieu puisse offrir un tel sentiment de paix intérieure. Mais rien ne m'eût fait manquer ce rendez-vous que nous avions, ce tête-à-tête pendant lequel je le tenais informé de ce que je devenais, où je m'imprégnais de lui, et à travers lequel, peu à peu, au fil des années, je me persuadais de son amour. Mais ce sentiment de la présence, vous n'imaginez pas comme au-delà de toute raison il vous ferait rire au nez de ceux-là qui prétendraient, à ce moment, devant vous, que la mort se résume à ce petit tas de poussière qui repose dans le fond du caveau. Ce qu'on dit à ce moment de la mort, vous vous en moquez. En démonstration, pour convaincre les plus narquois, vous vous proposeriez de poser la tête sur l'épaule furtive de l'absent. Et ceux-là qui crieraient à l'imposture, devant ce front penché au-dessus du vide, vous les plaindriez de tout votre cœur.

Mais ce long tête-à-tête de trente-trois années, à présent qu'ils étaient à nouveau réunis, mes parents, que peu à peu ils retrouvaient le même âge avec un visage lisse et radieux débarrassé des stigmates du vivant et des altérations du temps, maintenant que leur doux ménage semblait reparti comme en quarante, c'est-à-dire aux beaux jours de la rencontre, avec entre eux ce bébé éternel comme la preuve toute chaude de leur amour, c'était comme s'il se trouvait d'un coup épuisé, qu'il avait perdu sa raison d'être, comme si la tombe n'était restée entrouverte, autorisant ces confidences, que parce qu'elle attendait l'autre pour se refermer. De fait, le couvercle semblait hermétiquement scellé à présent, l'isolation du caveau parfaite, la communication interrompue. Plus rien n'entrait ni ne sortait. Et puis un détail pratique : par manque d'habitude, vous ne savez pas comment l'on parle à deux personnes à la fois. Comment se confier à l'un sans que l'autre à côté entende ? Jouer de l'aparté comme au théâtre, en prétendant que le proche voisin fait la sourde oreille ? vous n'y pensez pas. C'était comme si je voyais double, me frottant les yeux dans l'espoir d'en finir avec ce trouble de la vision. Mais rien à faire. Ils étaient bien là tous les deux, il me semblait même que je les dérangeais, que ma présence les importunait plus qu'autre chose, depuis qu'entre eux le dialogue avait repris qui ne me regardait pas, comme ces lettres sur papier bleu télégramme que je n'osais plus lire dans leur boîte de nacre. En somme, ils n'avaient plus besoin de moi, mes fiancés du saint Sépulcre. Il ne me restait plus qu'à me retirer sur la pointe des pieds afin de ne pas gâcher leurs retrouvailles.

Peu de temps auparavant, j'avais lu quelques lettres écrites du front par le jeune Giono à ses parents, dans lesquelles il tente de minimiser les effets dévastateurs de la guerre, alors que nous savons que de sa compagnie il ne demeurait que deux ou trois survivants, qu'il participa à l'écrabouillage de Verdun, à l'effrayante et calamiteuse offensive de Nivelle au Chemin des Dames, présentant son séjour en première ligne comme une promenade de santé, mais sans forcer le trait, de sorte que la guerre, selon ce qu'il en rapporte, paraît se résumer à un long ennui, où, *au milieu des frais ombrages et du calme reposant de la campagne*, il lit *de chers livres* et *fume de délicieuses pipes*, et qu'au fond la seule chose qui lui fasse de la peine c'est d'inquiéter bien inutilement ses vieux chéris. Car dans toutes ces lettres c'est ainsi, ou en termes voisins, qu'il s'adresse aux siens : *Mon cher vieux papa et ma petite maman*, ou *mes deux chéris*, ou *mes deux vieux chéris*, ou *mes vieux chéris*, à qui, au final, il ne manque jamais d'envoyer ses plus tendres caresses. Et quand on a une petite idée des réelles souffrances endurées par ceux-là, au cours de ces quatre années de guerre, quand on imagine la somme d'amour qui sous-tend ce récit biaisé pour qu'il ne laisse rien transpirer de la tragédie, on demeure éberlué, bouleversé : ainsi, au cœur de l'orage, ça peut se dire aussi simplement, l'affection que l'on a pour ses parents. Ainsi cet enfant unique, si économe du chagrin de ses géniteurs, pouvait sans emphase les dorloter comme si la relation s'était inversée, que ses épreuves au front l'avaient à ce point mûri, à ce point vieilli, que ses parents, vus d'Argonne, lui paraissaient comme de petits enfants chétifs.

C'était désarmant, cette situation inédite, mes deux piliers réunis par-delà la mort, et moi de l'autre côté, à ma place habituelle, petit arbre ayant pris racine depuis trente-trois ans à force de rester planté devant la tombe, mais déboussolé à présent, ne sachant plus quelle contenance adopter, ni quoi dire, s'il me fallait m'adresser aux deux ensemble, ou alternativement comme dans ces banquets où l'on se penche tantôt vers le convive de droite, tantôt vers celui de gauche, pour ne pas faire de jaloux et prétendre faire montre d'une bonne éducation. Ainsi, moi, le champion du dialogue avec les morts, le sherpa de la traversée des ténèbres, j'étais devant la tombe autrefois familière, au point de la considérer presque comme ma résidence secondaire, comme ma source et mon repère, et je peinais à trouver quelque chose de parfaitement juste à leur intention, une attention, un mot, une phrase, de quoi leur manifester ma reconnaissance et mon affection. Ce fils qui a tant parlé de vous, s'est tant servi de vous, en dépit de vous, qui vous a portés plus haut que ne le pouvaient ses bras, lui qui aimerait vous dire autre chose qui ne tiendrait pas dans le corps de la phrase, demeurait, un comble, sans voix. Il y eut ainsi quelques visites désemparées, il y en eut même qui furent à deux doigts du malentendu, d'un presque phénomène de rejet, comme si les corps célestes repoussaient ce greffon humain. Enfin celle-ci : devant la tombe, lisant leurs deux noms gravés symétriquement dans la pierre, dont les lettres rehaussées de noir se détachent sur le gris du granite, revoyant à la faveur de cette dalle signée, à la faveur de ce côte-à-côte funéraire, leurs silhouettes juvéniles, élégantes, elle, ayant retrouvé le bras vaillant auquel s'accrocher après cette longue traversée en solitaire, tous deux partant à nouveau d'un pas assuré comme dans la traversée de Saint-Laurent-sur-Sèvre, souriant à la vie à la mort, et ils s'avançaient vers moi, même s'ils ne devaient jamais m'atteindre comme ceux-là, les mimes, qui s'échinent à escalader des échelles de vent, tirer des cordes au prix d'un laborieux surplace, chercher un improbable passage à travers une vitre imaginaire, j'étais celui vers qui ils avançaient comme on s'avance pour une cérémonie nuptiale vers le célébrant, pour recevoir une sorte de bénédiction qui ressemble toujours à un bon de sortie, à une délivrance, et c'est venu à mon insu, spontanément, hors de toute conception préalable, ce qu'en d'autres temps on aurait attribué, cette parole proférée hors du domaine de la volonté, à une manifestation de l'esprit, au souffle de l'esprit, mais j'ai marmonné, c'est-à-dire que je me suis entendu marmonner : *mes vieux chéris*, m'étonnant en même temps de ce sentiment d'évidence légère, sans affectation ni gêne, qui me convainquait que pour une fois je n'avais pas dû tomber très loin. De la vérité, peut-être.

Après toutes ces années à accrocher leur regard dans des photos anciennes, à échanger avec eux par l'entremise de cartes postales d'un autre temps, à les débusquer au détour d'une lettre, à sonder le témoignage de plus ou moins proches pour retrouver trace de leur passage, à reconstituer à travers les documents officiels, les faux papiers et les vraies correspondances ce que fut leur jeunesse, ce que fut leur vie, après ces années de traque à plier les événements pour qu'ils aboutissent à leur rencontre, c'était peut-être le moment de leur accorder de partir seuls pour leurs grandes vacances éternelles. Ce qui eût peut-être pu se dire autrement, par une carte postale d'outre-tombe qui se serait terminée par *Je vous embrasse comme je vous aime*, par exemple. Mais c'est un don, cela, comme d'appeler ses parents *mes vieux chéris*, que, s'il manque, on doit compenser par un autre, qui nécessite plusieurs volumes, mais enfin, maintenant nous y sommes. Après avoir beaucoup abusé de vous, de votre temps de vie, je vous rends à vous-mêmes, mes familiers illustres, je vous laisse en paix.

CET OUVRAGE A ÉTÉ ACHEVÉ D'IMPRIMER EN
DÉCEMBRE MIL NEUF CENT QUATRE-VINGT-DIX-
NEUF DANS LES ATELIERS DE NORMANDIE ROTO
IMPRESSION S.A. À LONRAI (61250)
N° D'ÉDITEUR : 3361 N° D'IMPRIMEUR : 992660

Dépôt légal : décembre 1999